चुनी हुई लम्बी कविताएँ

चुनी हुई लम्बी कविताएँ

संपादक

गोविन्द प्रसाद

वाणी प्रकाशन

वाणी प्रकाशन
4695, 21-ए, दरियागंज, नयी दिल्ली 110 002
शाखा
अशोक राजपथ, पटना 800 004
फ़ोन: +91 11 23273167 फ़ैक्स: +91 11 23275710
www.vaniprakashan.in
vaniprakashan@gmail.com

CHUNI HUI LAMBI KAVITAYEN
Edited by Govind Prasad

ISBN : 978-81-8143-946-8
Collcetion of Poetry

आवृत्ति 2013
मूल्य : ₹ 60

हर्ष प्रिंटर्स दिल्ली-110 093 में मुद्रित

वाणी प्रकाशन का लोगो मक़बूल फ़िदा हुसेन की कूची से

अनुक्रम

लंबी कविता के बारे में

लंबी कविता हिंदी में भाषा, संरचना, कथ्य एवं बोध के स्तरों पर हुए परिवर्तन की सूचक है जो छायावाद युग में अपनी आरंभिक थापें देती हुई प्रकट हुई। इस विधा की मूल चेतना नए युगीन कथ्य को लेकर प्रयोगधर्मी रही है, जो बाद में भी अपनी निरंतरता कायम रखे रह सकी। छायावादी युग में खड़ी-बोली, मुक्त काव्यरूप, आत्मोन्मुखता तथा आधुनिकता बोध के धरातलों पर सुमित्रानंदन पंत की 'परिवर्तन' (1923), 'कामायनी' (1936), 'राम की शक्तिपूजा' (1937) आदि कथाकाव्यों के माध्यम से इस नई प्रायोगिक पहल को भली-भाँति देखा जा सकता है। इन्हीं संदर्भों-परिप्रेक्ष्यों में प्रसाद की लंबी कविता 'प्रलय की छाया' (1933) और निराला की 'राम की शक्तिपूजा' को प्रायः लंबी कविताएँ माना जाता है। 'प्रलय की छाया' पर छायावादी युग की गहरी छाया और छाप है तो 'राम की शक्तिपूजा' उससे थोड़ा मुक्त हो आधुनिक युग बोध के अधिक निकट एवं लंबी कविता का वास्तविक आरंभिक बिंदु मानी जाती है। किंतु प्रस्तुत संकलन में निराला की 'कुकुरमुत्ता' कविता को संकलित किया गया है। यह समकालीनता बोध के अति निकट है। 'प्रलय की छाया' से आगे यह समकालीन-चेतना, जिसमें प्रगतिवादी स्वर, तेवर, भाषा, सामाजिक परिवर्तन की ताब भी समाहित है, को प्रस्तुत करती है।

लंबी कविता में मुक्तछंद भी आधुनिक भावबोध एवं संवेदना को व्यक्त करने के लिए एक अनिवार्य तत्त्व की भाँति प्रयुक्त होता है, जबकि खंडकाव्य में पारंपरिक छंद एवं सुनिश्चित तुक-व्यवस्था बनी रहती है। लंबी कविता में समकालीन बोध, जो आधुनिक मानसिकता एवं परिवर्तित जीवन-स्थितियों, सामाजिक-संबंधों-सरोकारों और आयामों को समाहित किए रहता है, उसके आग्रहों के तहत ठोस वस्तुएँ, स्थितियाँ, दशाएँ विशेष रूप से आकार ग्रहण करती और रागात्मक पारिवारिक परिवेश रचती हैं। यहाँ अप्रस्तुत को प्रस्तुत बनाकर पहचान दी जाती है, न कि प्रस्तुत को अप्रस्तुत बनाने की कला-अभिव्यक्ति का अनुसरण किया जाता है। इसलिए गीति-प्रधानता, जो व्यक्तिगत भावों को तरजीह देती है, लंबी कविता के लिए अनुपयुक्त मानी

गई है। लंबी कविता की भाषा अधिकतर स्वाभाविक, सरल, तद्भवी, बोलचाल के मुहावरे में ढली हुई होती है, न कि अलंकार बोझिल, तत्सम प्रधान या भाववादी धुंध में लिपटी अँटी। संवेदनात्मक ज्ञान या ज्ञानात्मक संवेदनीयता की प्रकृति को साधने और व्यक्ति-समाज के आधुनिक जीवन की दीर्घ यातनाकथा कहने वाला एक सुदीर्घ काव्यपाठ होती है लंबी कविता। रूपकों के विभिन्न प्रयोगों द्वारा संगत-असंगत बिंब-प्रतीकों के टटके अप्रत्याशित प्रयोगों द्वारा, जीवन-विसंगतियों, विडंबनाओं को उद्घाटित करना उसका प्रथम उद्देश्य होने से, अपने समय-समाज-पारिस्थितिकी का सर्वथा विश्वसनीय, प्रामाणिक इतिहास होती है लंबी कविता। अतः बने-बनाए संवेदना-आस्वाद के ढाँचों को वह झकझोरती, तोड़ती, गिराती है, नए दुस्साहसिक प्रयोग करती है। ताकि नए जीवन बोध, आस्वाद, संवेदना की प्रतीति जगा सके और मानवीय दिशा में परिवर्तन की पहल को उकसाकर अपेक्षित परिणामों को दोह सके, संभव बना पाए। इस आधार पर उसे महाकाव्यात्मक सुदीर्घ जीवनबोध की कविता कहा जा सकता है।

आधुनिक बोध के दबाव में जिस दिन हिंदी कविता ने प्रबंध के ढाँचे को अस्वीकार करके सृजनशीलता की तीव्र नुकीली ताब से अपने लिए नई भूमि तलाशनी शुरू की थी, उसी दिन उसने अपने लिए नए जोखिमों और प्रयोगों की घोषणा भी कर दी थी। तब से लगातार वह नए-नए रूप-विधान, शैली-विन्यास अपनाती-छोड़ती आगे बढ़ रही है। उसकी नियति सतत् परिवर्तनशील यथार्थ के साथ बँधी है, जो कहीं भी रुके बिना परिवेश को आतंकित करने की हदों तक बढ़ गयी है। यथार्थ एवं पारिस्थितिकी की सर्वोन्मुखी निर्बाध परिवर्तनशीलता लंबी कविता के लिए कोई स्थिर मूल्य-मान, परिभाषा या सिद्धांत गढ़ने में बड़ी बाधा बनी हुई है। आधुनिक व्यक्ति-वैज्ञानिक जैसे मोती को तोड़कर उसके भीतर की आब में भी झाँक लेना चाहता है, धरती की परतें उघाड़ता, उसके भीतर छेद करता हुआ उसका केंद्र-आधार ढूँढने में जुटा हुआ है, उसी प्रकार लंबी कविता का कवि भी नई से नई पारिस्थितिकी को सृजनात्मक जिज्ञासाओं में जाँचता-परखता बढ़ता है। तब कविता चाहे तो किसी विचार-सूत्र को लेकर चल निकले, या किसी पौराणिक आख्यान का सहारा लेकर खड़ी हो जाए। किसी विराट सृजन-बिंब को बुनने लगे या देश-कालगत दबाव बनाने वाले बिखरे तंतुओं को समेटते हुए कोई नया टैक्सचर (ताना-बाना) उपस्थित कर दे या कई-कई बैठकों में क्रम-क्रम गूँथते हुए एक विचारधारा वाली अन्विति में बिंब-प्रतीक रूपक के मूर्त्त ढाँचे को आकार दे दे।

जैसा पहले उल्लेख किया गया है कि लंबी कविता का छायावादी युग में आरंभ हुआ। पहले आख्यानात्मक, अर्द्धआख्यानक लंबी कविताएँ 'परिवर्तन', 'प्रलय की छाया', 'राम की शक्तिपूजा' के प्रकाशन से तथापि बाद में कुकुरमुत्ता (पंचम दशक) के प्रगतिवादी स्वरों को लेकर अवतरित जुझारु वृत्ति की कविता सामने आई।

निराला की 'तुलसीदास', 'सरोज स्मृति' भी आख्यानात्मक कविताएँ नहीं हैं। इनमें वृत्त नहीं, विवरण, संदर्भ एवं प्रसंग प्रमुख हैं। बिम्बविधान, संवेदना, नाटकीयता एवं द्वंद्व ही कथ्य को गति देते हैं। ये भावी लंबी कविताओं के लिए अनुप्रेरक तत्त्व सिद्ध होते हैं।

नई कविता के काल में पुनः परिवर्तित युगबोध एवं सर्जनात्मक दबावों के फलस्वरूप लंबी कविता में भी स्पष्ट बदलाव दिखाई देते हैं। प्रगतिवाद के बाद प्रयोगशील कविता कई अर्थों में भिन्नता को दर्ज करती है। टेक्नीक, अभिव्यंजना, सरोकार के स्तरों पर एक आंदोलन ही सामने आता है जो आरंभ में 'तारसप्तक' (सन् 1943) के प्रकाशन से वैयक्तिक अनुभूति पर अधिक बल देता है। सामाजिक, राजनीतिक, आर्थिक समस्याओं की ओर पीठ करता वैयक्तिक कुंठाओं, निराशाओं में घिरा कवि अंतर्मन की कंदराओं की ओर झुका रहता है। फिर कुछ अंतराल के पश्चात् छायावादोत्तर दौर की लंबी कविता 'समय देवता' (नरेश मेहता), आख्यानारहित लंबी कविता है किंतु इसके पश्चात् प्रकाशित 'प्रमथ्यु गाथा' (धर्मवीर भारती) एवं 'असाध्य वीणा' (अज्ञेय) आख्यानाश्रित लंबी कविताएँ हैं। लंबी कविता का मानक रचने वाले गजानन माधव मुक्तिबोध ने यों तो प्रायः लंबी कविताएँ ही लिखीं—'चाँद का मुँह टेढ़ा है', 'चकमक की चिनगारियाँ', 'चंबल की घाटी', 'अँधेरे में' आदि। किंतु 'अँधेरे में' लंबी कविता बाद के कवियों के लिए एक आदर्श जैसी बन गई। समकालीन लंबी कविताओं का जो सिलसिला बाद में चला उसे इसी कविता ने अधिक प्रभावित किया। 'नई कविता' (पत्रिका—1963-64) के अंक 7 में सर्वेश्वर दयाल सक्सेना की 'सर्पमुख के सम्मुख' तथा विजयदेव नारायण साही की 'घाटी का आखिरी आदमी'—लंबी कविताएँ प्रकाशित हुई, जिनमें स्वतंत्र भारत में राष्ट्रीय चरित्र और नैतिक पतन तथा परिवेशगत विसंगतियों का चित्रण हुआ है। वैसे बाद में सर्वेश्वर की 'कुआनो नदी' और साही की 'अलविदा' इनकी श्रेष्ठ लंबी कविताएँ मानी गयीं एवं चर्चित हुईं। तारसप्तक के कवि गिरिजा कुमार माथुर ने भी लंबी कविताएँ लिखीं, जिनमें से 'इतिहास के जर्राहों से' खूब चर्चित हुई।

साठोत्तरी काव्य प्रवृत्ति तथा समकालीन कविता के तत्त्वों को लेकर आई राजकमल चौधरी की लंबी कविता 'मुक्ति प्रसंग' ने अपनी विशिष्ट प्रकृति, भावभूमि, सरोकार, शैली, भाषा, तेवर आदि के कारण सर्वाधिक चर्चा पाई। बाद में 'लुकमान अली' आई, जो इसी की अगली कड़ी मानी जाती है। पतनशील राजनीति, कवि (राजकमल चौधरी) की शारीरिक रुग्णावस्था, मानसिक विक्षुब्ध स्थितियाँ, मृत्यु बोध, नैतिक पतन, सामाजिक विघटन की यातनाओं को मिथकीय संदर्भों के साथ जोड़कर संश्लिष्ट बोध को 'मुक्ति प्रसंग' मूर्त्त करती है। साठोत्तरी दौर की विशेष रूप से चर्चित रही अन्य लंबी कविताओं में—'पटकथा' (धूमिल), 'हरिजन गाथा' (नागार्जुन), 'नाटक जारी है' (लीलाधर जगूड़ी), 'फिर वही लोग' (रामदरश मिश्र), 'आत्महत्या

के विरुद्ध' (रघुवीर सहाय), 'उपनगर में वापसी' (बलदेव वंशी) उल्लेखनीय हैं। अन्यथा ढाई तीन दर्जन लंबी कविताएँ अब तक प्रकाशित हो चुकी हैं। नहीं कहा जा सकता कि उनमें से कितनी सार्थक लंबी कविता की अवधारणा पर खरी उतरती हैं। फिर भी कुछ अन्य लंबी कविताएँ चर्चा में रही हैं—'घास का घराना' (मणि मधुकर), 'पतन गाथा' (रमेश गौड़), 'एक अग्निकांड जगहें बदलता' (नरेंद्र मोहन), 'वक्त की साजिश के खिलाफ' (मोहन सपरा), 'बयान बाहर' (सुखवीर सिंह) इत्यादि।

अंग्रेजी साहित्य में विख्यात कवि विलियम वड्र्सवर्थ के युग में लंबी कविता प्रभावी रूप में अस्तित्व में आई, किंतु भारत में आधुनिकता की प्रक्रिया के साथ स्वार्थबद्ध, जन-विरोधी, राजनीतिक, भ्रष्ट, अमानवीय प्रदीर्घ नीतियों एवं कार्यवाहियों के कारण लंबी कविता अस्तित्व में आई जिसने जीवन के सभी क्षेत्रों में व्याप्त शोषण और अव्यवस्था को लक्ष्य किया। रचनागत दबावों को, तनाव के द्वंद्वात्मक वैचारिक सरोकारों को ध्यान में रखकर ही उन्हें समझा-परखा जा सकता है। लंबी कविताओं के मूल्यांकन में वैचारिक सरोकारों का अपना विविध मूलगामी एवं व्यापक संदर्भ है। इन वैचारिक सरोकारों के संघटनात्मक तत्त्वों की विस्तृत जानकारी के लिए इस लेखक की पुस्तक—'लंबी कविताएँ : वैचारिक-सरोकार' देखें। यहाँ संक्षेप में संकेत किया जा रहा है। **परिज्ञान :** विषय-स्थिति का साक्षात्कार एवं ज्ञान। बाहरी संवेदन-प्रक्रिया के मुखर होने—प्रत्यक्षीकरण के बाद। **अनुचिंतन :** यहाँ मन के अंतःपक्ष सक्रिय हो उठते हैं, जो तनाव की दिशा में प्रभावी कार्य करते हैं। कवि के अंतःव्यक्तित्व एवं संवेदनात्मक इतिहास की साक्षी में ज्ञान-परिज्ञान की सारी संपत्ति, तर्कशीलता दखल देती है। तब द्वंद्वात्मक तनाव गहराता है। भीतरी-बाहरी स्थितियों, दशाओं, विचारों एवं धारणाओं तथा मूल्यों की मुक्त टकराहटों के परिणामस्वरूप वर्तमान संश्लिष्ट अनुभव आकार लेता है, जो समकालीन बोध का पर्याय है। इसके उपरांत पक्ष या विपक्ष में कवि किसी निष्कर्ष तक पहुँचता है। पूर्ण तर्क-वितर्क के उपरांत विवेकात्मक निर्णय-निष्कर्ष रचनात्मक प्रक्रिया को जहाँ समृद्ध करता है; वहाँ आकस्मिक निर्णय संवेगात्मक बाधाओं के शिकार हो जाते हैं। अतः स्थिति-सापेक्ष किन्हीं नए उभरते, रचना में आकार लेते निर्णयों तक पहुँचना भी विचार की निजी अनिवार्य पहचान का ही पक्ष है। अंत में **संवेदनात्मक उद्देश्य** : इसके अनुसार कवि अपने आशय उद्देश्य को मूर्त करता है। विशिष्ट काव्यतत्त्वों का संयोजन, समीकरण, जीवन-दृष्टि भी संवेदनात्मक उद्देश्य में दखल रखते हैं। रचना को प्रभावी रूपाकार देते हैं। इसी विचार-प्रक्रिया के अनुसार लंबी कविता के घटक तत्त्वों—अन्विति, नाटकीयता, केंद्रीयता एवं आधार, सर्जनात्मक तनाव आदि को कवि साधता है। किंतु सब लंबी कविताओं में ये तत्त्व प्रभावी भूमिका में मिलें, यह बिलकुल अनिवार्य नहीं।

लंबी कविताओं की इस पुस्तक में हिंदी की प्रतिनिधि लंबी कविताओं में

से केवल पाँच कविताएँ ही संकलित की गई हैं। जयशंकर प्रसाद की 'प्रलय की छाया' तथा निराला की 'कुकुरमुत्ता', सौमित्र मोहन की 'लुकमान अली', धूमिल की 'भाषा की रात' और अरुण कमल की 'एकालाप'। ये पाँच कविताएँ अपनी विशिष्टता के कारण चर्चित रही हैं और अपनी ऐतिहासिक उपलब्धियों के कारण तथा सामाजिक-साहित्यिक कारणों से आज भी अपने-अपने अस्तित्व, गरिमा तथा विधागत वैशिष्ट्य को लेकर प्रासंगिक हैं। इनसे लंबी कविता का विकास-क्रम भी रेखांकित किया जा सकता है एवं इन कविताओं में अपने-अपने समय की प्रवृत्तियों का प्रत्यक्ष प्रभाव भी स्पष्ट देखा जा सकता है तथा चिंताओं और चुनौतियों का साक्षात्कार भी किया जा सकता है।

'प्रलय की छाया' तथा 'कुकुरमुत्ता' छायावादी युग की लंबी कविताएँ हैं। 'लुकमान अली' अकविता नामक काव्य प्रवृत्ति की विशिष्ट एवं चर्चित कविता है तो 'भाषा की रात' प्रतिबद्ध और संघर्षशील चेतना की और 'एकालाप' समकालीन हिंदी कविता को एक नया स्वर प्रदान करने वाली कविता है।

ध्यातव्य है कि कुकुरमुत्ता छायावाद काल की कविता है, किंतु विचार, बोध, भाषा, भाव की दृष्टि से प्रगतिवाद का प्रतिनिधित्व करती है। पंचम दशक की रचना होने के बावजूद यह अंतर्वस्तु, वर्ग विशेष की शोषक वृत्ति के प्रति आक्रोश व्यक्त करती है।

जयशंकर प्रसाद

श्री जयशंकर प्रसाद का जन्म सन् 1889 ई. में पवित्र नगरी वाराणसी में हुआ। इनके पूर्वज सुंघनी-सुरती (तंबाकू) का व्यापार करते थे तथा सुंघनी साहू नाम से विख्यात थे। परिस्थितिवश प्रसाद जी को भी जीवन-यापन के लिए इसी व्यवसाय का आश्रय लेना पड़ा। इनकी किशोर अवस्था में ही माता-पिता का देहावसान हो जाने के कारण पंद्रह वर्ष की आयु में ही स्कूल की पढ़ाई छूट गयी। घर-गृहस्थी का बोझ इनके कंधों पर आ पड़ा। इसके उपरांत घर पर रहकर ही अपना अध्ययन जारी रखा तथा हिंदी, संस्कृत, अंग्रेज़ी, बंगाली आदि भाषाओं का उच्चकोटि का ज्ञान अर्जित किया। साहित्य, पुरातत्त्व, प्राचीन इतिहास, दर्शन आदि विषयों के ज्ञान को उपलब्ध कर इनका उपयोग अपनी बाद की कृतियों—नाटकों, काव्यों, कहानियों, उपन्यासों में किया।

प्रसाद जी की प्रारंभिक रचनाएँ, खड़ी बोली हिंदी में 'कानन कुसुम' शीर्षक से प्रकाशित हुई। अपने समय की उच्चस्तरीय पत्रिका 'इंदु' के द्वारा इन्होंने उदीयमान साहित्यकारों को मंच दिया। 'लहर', 'झरना', 'आँसू' उनकी मुक्तक काव्य रचनाओं के संग्रह हैं। 'कामायनी' महाकाव्य में उनकी प्रतिभा उन्हें विश्व-साहित्य में अग्रणी कवियों की पंक्ति में आसीन करती है। हिंदी में छायावाद के उन्नायकों में वह प्रथम पंक्ति के कवि हैं। काव्य के अतिरिक्त उनकी बहुमुखी प्रतिभा ने नाटक, कहानी, उपन्यास के क्षेत्रों में भी अपनी पताका फहराई। 'स्कंदगुप्त', 'चंद्रगुप्त', 'अजातशत्रु' नाटकों में मौर्यकालीन भारत के राजनीतिक, सामाजिक कीर्तिमानों के ऐतिहासिक, पुरातात्त्विक आयाम रचे हैं तो 'कंकाल' और 'तितली' उपन्यासों में आधुनिक युगीन सामाजिक परिस्थितियों के मार्मिक पक्ष उठाए हैं। काव्यों में भावपक्ष, प्रकृति-चित्रण, दार्शनिक चिंतन-विचार, तात्त्विक आधार को लेकर रसोद्रेकी नए आयाम प्रकट किए हैं। प्रसाद जी के 'अरुण यह मधुमय देश हमारा', तथा 'हिमालय के आँगन में' आदि गीतों में भारत के प्राकृतिक सौन्दर्य एवं उसके सांस्कृतिक गौरव का काव्यमय वर्णन मिलता है। प्रस्तुत कविता में प्रेम-वेदना का मार्मिकता के साथ चित्रण हुआ है। प्रसाद जी का निधन वाराणसी में सन् 1937 ई. में हुआ।

आँसू

इस करुणा कलित हृदय में
अब विकल रागिनी बजती
क्यों हाहाकार स्वरों में
वेदना असीम गरजती?

मानस सागर के तट पर
क्यों लोल लहर की घातें
कल-कल ध्वनि से हैं कहती
कुछ विस्मृत बीती बातें?

आती है शून्य क्षितिज से
क्यों लौट प्रतिध्वनि मेरी
टकराती बिलखाती सी
पगली सी देती फेरी?

क्यों व्यथित व्योमगंगा सी
छिटका कर दोनों छोरें
चेतना तरङ्गिनि मेरी
लेती है मृदुल हिलोरें?
बस गयी एक बस्ती है
स्मृतियों की इसी हृदय में

नक्षत्र लोक फैला है
जैसे इस नील निलय में।

ये सब स्फुलिङ्ग हैं मेरी
इस ज्वालामयी जलन से
कुछ शेष चिह्न हैं केवल
मेरे उस महामिलन के।

शीतल ज्वाला जलती है
ईंधन होता छग जल का
यह व्यर्थ साँस चल-चल कर
करती है काम अ नल का।

बाड़वज्वाला सोती थी
इस प्रणयसिंधु के तल में
प्यासी मछली सी आँखें
थीं विकल रूप से जल में।

बुलबुले सिन्धु के फूटे
नक्षत्र मालिका टूटी
नभ मुक्त कुन्तला धरणी
दिखलाई देती लूटी।

छिल-छिल कर छाले फोड़े
मल-मल कर मृदुल चरण से
धुल-धुल कर बह रह जाते
आँसू करुणा के कण से।

इस विकल वेदना को ले
किसने सुख को ललकारा

वह एक अबोध अकिञ्चन
बेसुध चैतन्य हमारा।

अभिलाषाओं की करवट
फिर सुप्त व्यथा का जगना
सुख का सपना हो जाना
भींगी पलकों का लगना।

इस हृदय कमल का घिरना
अलि अलकों की उलझन में
आँसू मरन्द का गिरना
मिलना निश्वास पवन में।

मादक थी मोहमयी थी
मन बहलाने की क्रीड़ा
अब हृदय हिला देती है
वह मधुर प्रेम की पीड़ा।

सुख आहत शान्त उमंगें
बेगार साँस ढोने में
यह हृदय समाधि बना है
रोती करुणा कोने में।

चातक की चकित पुकार
श्यामा ध्वनि सरल रसीली
मेरी करुणार्द्र कथा की
टुकड़ी आँसू से गीली।

अवकाश भला है किसको,
सुनने को करुण कथाएँ

बेसुध जो अपने सुख से
जिनकी हैं सुप्त व्यथाएँ

जीवन की जटिल समस्या
है बढ़ी जटा सी कैसी
उड़ती है धूल हृदय में
किसकी विभूति है ऐसी?

जो घनीभूत पीड़ा थी
मस्तक में स्मृति सी छायी
दुर्दिन में आँसू बनकर
वह आज बरसने आयी।

मेरे क्रन्दन में बजती
क्या वीणा, जो सुनते हो
धागों से इन आँसू के
निज करुणापट बुनते हो।

रो रोकर सिसक-सिसक कर
कहता मैं करुण कहानी
तुम सुमन नोचते सुनते
करते जानी अनजानी।

मैं बल खाता जाता था
मोहित बेसुध बलिहारी
अन्तर के तार खिंचे थे
तीखी थी तान हमारी

झंझा झकोर गर्जन था
बिजली थी, नीरदमाला,

पा कर इस शून्य हृदय को
सब ने आ डेरा डाला।

घिर जातीं प्रलय घटाएँ
कुटिया पर आ कर मेरी
तम चूर्ण बरस जाता था
छा जाती अधिक अँधेरी।

बिजली माला पहने फिर
मुस्क्याता था आँगन में
हाँ, कौन बरस जाता था
रस बूँद हमारे मन में?

तुम सत्य रहे चिर सुन्दर!
मेरे इस मिथ्या जग के
थे केवल जीवन संगी
कल्याण कलित इस मग के।

कितनी निर्जन रजनी में
तारों के दीप जलाये
स्वर्गङ्गा की धारा में
उज्ज्वल उपहार चढ़ाये।

गौरव था, नीचे आये
प्रियतम मिलने को मेरे
मैं इठला उठा अकिञ्चन
देखे ज्यों स्वप्न सवेरे।

मधु राका मुसक्याती थी
पहले देखा जब तुमको

परिचित से जाने कब के
तुम लगे उसी क्षण हमको।

परिचय राका जलनिधि का
जैसे होता हिमकर से
ऊपर से किरणें आतीं
मिलती हैं गले लहर से।

मैं अपलक इन नयनों से
निरखा करता उस छवि को
प्रतिभा डाली भर लाता
कर देता दान सुकवि को।

निर्झर सा झिर-झिर करता
माधवी कुञ्ज छाया में
चेतना बही जाती थी
हो मन्त्र मुग्ध माया में।

पतझड़ था, झाड़ खड़े थे
सूखी सी फुलवारी में
किसलय नव कुसुम बिछा कर
आये तुम इस क्यारी में।

शशि मुख पर घूँघट डाले
अंचल में दीप छिपाये
जीवन की गोधूली में
कौतूहल से तुम आये।

घन में सुन्दर बिजली सी
बिजली में चपल चमक सी

आँखों में काली पुतली
पुतली में श्याम झलक सी

प्रतिमा में सजीवता सी
बस गयी सुछवि आँखों में
थी एक लकीर हृदय में
जो अलग रही लाखों में।

माना कि रूप सीमा है
सुन्दर! तव चिर यौवन में
पर समा गये थे, मेरे
मन के निस्सीम गगन में।

लावण्य शैल राई सा
जिस पर वारी बलिहारी
उस कमनीयता कला की
सुषमा थी प्यारी-प्यारी

बाँधा था विधु को किसने
इन काली जंजीरों से
मणि वाले फणियों का मुख
क्यों भरा हुआ हीरों से?

काली आँखों में कितनी
यौवन के मद की लाली
मानिक मदिरा से भर दी
किसने नीलम की प्याली?

तिर रही अतृप्ति जलधि में
नीलम की नाव निराली

कालापानी वेला सी
है अञ्जन रेखा काली।

अंकित कर क्षितिज पटी को
तूलिका बरौनी तेरी
कितने घायल हृदयों की
बन जाती चतुर चितेरी।

कोमल कपोल पाली में
सीधी सादी स्मित रेखा
जानेगा वही कुटिलता
जिसने भौं में बल देखा।

विद्रुम सीपी सम्पुट में
मोती के दाने कैसे
है हंस न, शुक यह, फिर क्यों
चुगने की मुद्रा ऐसे?

विकसित सरसिज वन-वैभव
मधु-ऊषा के अंचल में
उपहास करावे अपना
जो हँसी देख ले पल में!

मुख-कमल समीप सजे थे
दो किसलय से पुरइन के
जलबिन्दु सदृश ठहरे कब

उन कानों में दुख किनके?
थी कस अनङ्ग के धनु की

वह शिथिल शिंजिनी दुहरी
अलबेली बाहुलता या
तनु छवि सर की नव लहरी?

चंचला स्नान कर आवे
चंद्रिका पर्व में जैसी
उस पावन तन की शोभा
आलोक मधुर थी ऐसी!

छलना थी, तब भी मेरा
उसमें विश्वास घना था
उस माया की छाया में
कुछ सच्चा स्वयं बना था

वह रूप रूप ही केवल
या रहा हृदय भी उसमें
जड़ता की सब माया थी
चैतन्य समझ कर मुझमें।

मेरे जीवन की उलझन
बिखरी थीं उनकी अलकें
पी ली मधु मदिरा किसने
थीं बन्द हमारी पलकें।

ज्यों-ज्यों उलझन बढ़ती थी
बस शान्ति विहँसती बैठी
उस बन्धन में सुख बँधता
करुणा रहती थी ऐंठी।

सूर्यकांत त्रिपाठी 'निराला'

श्री निराला का जन्म सन् 1896 में बंगाल के महिषादल राज्य के मेदिनीपुर जिले में हुआ था। वहाँ इनके पिता नौकरी करते थे। अन्यथा निराला जी का मूल स्थान उत्तर प्रदेश के उन्नाव जिले का गढ़ाकोला गाँव है। बंगाल की भूमि पर इनका बचपन बीता। यहीं इन्होंने बंगाली भाषा सीखी तथा रामकृष्ण परमहंस एवं स्वामी विवेकानंद के दार्शनिक विचारों का प्रभाव पड़ा। इनको पाठशाला में उच्च शिक्षा लेने का अवसर प्राप्त नहीं हुआ किंतु स्वाध्याय, जीवन-अनुभव एवं लगन के बल पर हिंदी, संस्कृत, बांग्ला, अंग्रेज़ी, उर्दू आदि भाषाओं के साहित्य का गहन एवं व्यापक अध्ययन कर अपना ज्ञान समृद्ध किया। अतः बचपन में ही कविता लिखने लगे थे। जीवन में स्वजनों का बिछोह, आर्थिक अभावों, पारिवारिक सतत् कष्टों ने तथा बीमारी एवं मानसिक आघातों ने आत्मिक-दार्शनिक आयामों की ओर मोड़ा तो स्वभाव में फक्कड़पन और क्रोध के आयाम भी जोड़े।

निराला जी ने साहित्य की अनेक विधाओं को समृद्ध किया। छायावाद के प्रमुख कवियों की पंक्ति में सम्मानित स्थान प्राप्त करने के अतिरिक्त उपन्यास, कहानी, आलोचना, निबंध, रेखाचित्र आदि विधाओं में उनकी रचनाएँ उपलब्धि मानी जाती हैं। उन्होंने 'मतवाला', 'समन्वय', 'सुधा' आदि साहित्यिक पत्रिकाओं का संपादन किया। किंतु उनकी मेधा का सर्वोत्कृष्ट रूप कविता में ही दृष्टिगोचर होता है। उनकी छायावादी रचनाओं में लाक्षणिकता, विदग्धता, कल्पनाशीलता की उड़ान यदि उन्हें महाकवि के समतुल्य बनाती हैं, तो उनकी रहस्यवादी रचनाएँ आध्यात्मिकता, दार्शनिकता और चिंतन की गरिमा से जोड़कर अद्वितीय बनाती हैं। प्रकृति की विराटता एवं कोमलता तथा कठोरता मिलकर उन्हें उच्च कोटि का कवि सिद्ध करती हैं। ओज, तेज, शौर्य, पौरुष एवं वीर भावों को व्यक्त करती उनकी काव्य रचनाएँ–'राम की शक्तिपूजा', 'तुलसीदास', 'जागो फिर एक बार', 'कुकुरमुत्ता', 'बादल राग', 'शिवाजी का पत्र', 'सरोज-स्मृति' आदि रचनाएँ हिंदी ही नहीं विश्व साहित्य की उपलब्धि हैं। प्रगतिवादी स्वर उन्हें दलित वर्ग के प्रति ईमानदार सहानुभूति के कारण युग-यथार्थ से जोड़कर अत्यधिक प्रासंगिक बनाते हैं। अपने स्वभाव के फक्कड़पन के कारण उन्हें जीवन के अंतिम समय में बहुत कष्ट झेलने पड़े। उनका देहांत प्रयाग में सन् 1961 में हुआ।

सरोज-स्मृति

ऊनविंश पर जो प्रथम चरण
तेरा वह जीवन-सिन्धु-तरण;
तनये, ली कर दृक्पात तरुण
जनक से जन्म की विदा अरुण!
गीते मेरी, तज रूप-नाम
वर लिया अमर शाश्वत् विराम
पूरे कर शुचितर सपर्याय
जीवन के अष्टादशाध्याय,
चढ़ मृत्यु-तरिण पर तूर्ण-चरण
कह—"पितः, पूर्ण आलोक वरण
करती हूँ मैं, यह नहीं मरण,
"'सरोज' का ज्योतिःशरण-तरण"—
अशब्द अधरों का, सुना, भाष,
मैं कवि हूँ, पाया है प्रकाश
मैंने कुछ अहरह रह निर्भर
ज्योतिस्तरणा के चरणों पर।
जीवित-कविते, शत-शर-जर्जर
छोड़ कर पिता को पृथ्वी पर
तू गई स्वर्ग, क्या यह विचार—
"जब पिता करेंगे मार्ग पार
यह, अक्षम अति, तब मैं सक्षम,

तारूँगी कर गह दुस्तर तम?"
कहता तेरा प्रयाण सविनय,–
कोई न अन्य था भावोदय।
श्रावण-नभ का स्तब्धान्धकार
शुक्ला प्रथमा, कर गई पार!

धन्ये, मैं पिता निरर्थक था,
कुछ भी तेरे हित न कर सका!
जाना तो अर्थागमोपाय
पर रहा सदा संकुचित-काय
लखकर अनर्थ आर्थिक पथ पर
हारता रहा मैं स्वार्थ-समर।
शुचिते, पहनाकर चीनांशुक
रख सका न तुझे अतः दधिमुख।
क्षीण का न छीना कभी अन्न,
मैं लख न सका वे दृग विपन्न;
अपने आँसुओं अतः बिम्बित
देखे हैं अपने ही मुख-चित।
सोचा है नत हो बार-बार–
"यह हिन्दी का स्नेहोपहार,
यह नहीं हार मेरी, भास्वर
वह रत्नहार - लोकोत्तर वर!"
अन्यथा, जहाँ है भाव शुद्ध
साहित्य - कला - कौशल - प्रबुद्ध,
हैं दिए हुए मेरे प्रमाण
कुछ वहाँ, प्राप्ति को समाधान,–
पार्श्व में अन्य रख कुशल हस्त
गद्य में पद्य में समाभ्यस्त।
देखें वे; हँसते हुए प्रवर
जो रहे देखते सदा समर,

एक साथ जब शत घात घूर्ण
आते थे मुझ पर तुले तूर्ण।
देखता रहा मैं खड़ा अपल
वह शरक्षेप, वह रण-कौशल।
व्यक्त हो चुका चीत्कारोत्कल
क्रुद्ध युद्ध का रुद्ध-कण्ठ फल।
और भी फलित होगी वह छवि,
जागे जीवन जीवन का रवि,
ले कर, कर कल तूलिका कला,
देखो क्या रंग भरती विमला,
वांछित उस किस लांछित छवि पर
फेरती स्नेह की कूची भर।
अस्तु मैं उपार्जन को अक्षम
कर नहीं सका पोषण उत्तम
कुछ दिन को, जब तू रही साथ,
अपने गौरव से झुका माथ।
पुत्री भी, पिता-गेह में स्थिर
छोड़ने के प्रथम जीर्ण अजिर।
आँसुओं सजल दृष्टि की छलक,
पूरी न हुई जो रही कलक
प्राणों की प्राणों में दब कर
कहती लघु-लघु उसाँस में भर;
समझता हुआ मैं रहा देख
हटती भी पथ पर दृष्टि टेक।

तू सवा साल की जब कोमल;
पहचान रही ज्ञान में चपल,
माँ का मुख, हो चुम्बित क्षण-क्षण,
भरती जीवन में नव जीवन,
वह चरित पूर्ण कर गई चली,

तू नानी की गोद जा पली।
सब किये वहीं कौतुक-विनोद
उस घर निशि-वासर भरे मोद;
खाई भाई की मार, विकल
रोई, उत्पल - दल - दृग - छलछल;
चुमकारा सिर उसने निहार,
फिर गंगा - तट - सैकत विहार
करने को ले कर साथ चला,
तू गह कर चली हाथ चपला;
आँसुओं धुला मुख हासोच्छल,
लखती प्रसार वह ऊर्मि-धवल।
तब भी मैं इसी तरह समस्त,
कवि जीवन में व्यर्थ भी व्यस्त;
लिखता अबाध गति मुक्त छन्द,
पर सम्पादकगण निरानन्द
वापस कर देते पढ़ सत्वर
रो एक-पंक्ति-दो में उत्तर।
लौटी रचना लेकर उदास
ताकता हुआ मैं दिशाकाश
बैठा प्रान्तर में दीर्घ प्रहर
व्यतीत करता था गुन-गुन कर
सम्पादक के गुण; यथाभ्यास
पास की नोचता हुआ घास
अज्ञात फेंकता इधर-उधर
भाव की चढ़ी पूजा उन पर।

याद है दिवस की प्रथम धूप
थी पड़ी हुई तुझ पर सुरूप,
खेलती हुई तू परी चपल,
मैं दूरस्थित प्रवास से चल

दो वर्ष बाद, हो कर उत्सुक
देखने के लिए अपने मुख
था गया हुआ, बैठा बाहर
आँगन में फाटक के भीतर
मोढ़े पर, ले कुण्डली हाथ
अपने जीवन की दीर्घ गाथ।
पढ़, लिखे हुए शुभ दो विवाह
हँसता था, मन में बढ़ी चाह
खण्डित करने को भाग्य-अंक,
देखा भविष्य के प्रति अशंक।
इससे पहले आत्मीय स्वजन
सस्नेह कह चुके थे, जीवन
सुखमय होगा, विवाह कर लो
जो पढ़ी-लिखी हो—सुन्दर हो।
आये ऐसे अनेक परिणय,
पर विदा किया मैंने सविनय
सबको, जो अड़े प्रार्थना भर
नयनों में, पाने को उत्तर
अनुकूल, उन्हें जब कहा निडर—
"मैं हूँ मंगली", मुड़े सुन कर।
इस बार एक आया विवाह
जो किसी तरह भी हतोत्साह
होने को न था, पड़ी अड़चन,
आया मन में भर आकर्षण
उन नयनों का; सासु ने कहा—
"वे बड़े भले जन हैं, भय्या,
एन्ट्रेन्स पास है लड़की वह,
बोले मुझसे, छब्बिस ही तो
वर की उम्र, ठीक ही है,
लड़की भी अठारह की है।"

फिर हाथ जोड़ने लगे, कहा—
"वे नहीं कर रहे ब्याह, अहा!
हैं सुधरे हुए बड़े सज्जन!
अच्छे कवि, अच्छे विद्वज्जन!
हैं बड़े नाम उनके! शिक्षित
लड़की भी रूपवती, समुचित
आपको यही होगा कि कहें
'हर तरह उन्हें, वर सुखी रहें।'
आयेंगे कल।" दृष्टि थी शिथिल,
आई पुतली तू खिल-खिल-खिल
हँसती, मैं हुआ पुनः चेतन,
सोचता हुआ विवाह-बन्धन।
कुण्डली दिखा बोलो—"ए—लो"
आई तू, दिया, कहा "खेलो!"
कर स्नान-शेष, उन्मुक्त-केश
सासुजी रहस्य-स्मित सुवेश
आयीं करने को बातचीत
जो कल होने वाली थी, अजीत;
संकेत किया मैंने अखिन्न
जिस ओर कुण्डली छिन्न-भिन्न,
देखने लगीं वे विस्मय भर
तू बैठी संचित टुकड़ों पर!
धीरे-धीरे फिर बढ़ा चरण,
बाल्य की केलियों का प्रांगण
कर पार, कंज-तारुण्य सुघर
आयी, लावण्य-भार थर-थर
काँपा कोमलता पर सस्वर
ज्यों मालकौश नव वीणा पर;
नैश स्वप्न ज्यों तू मन्द-मन्द
फूटी ऊषा — जागरण-छन्द;

काँपी भर निज आलोक-भार,
काँपा वन, काँपा दिक् प्रसार।
परिचय-परिचय पर खिला सकल—
नभ, पृथ्वी, द्रुम, कलि, किसलय-दल।
क्या दृष्टि! अतल की सिक्त-धार
ज्यों भोगावती उठी अपार,
उमड़ता ऊर्ध्व को कल सलील
जल टलमल करता नील-नील,
पर बँधा देह के दिव्य बाँध,
छलकता दृगों से साध-साध।
फूटा कैसा प्रिय कण्ठ-स्वर
माँ की मधुरिमा व्यंजना भर।
हर पिताकण्ठ की दृप्त-धार
उत्कलित रागिनी की बहार!
बन जन्मसिद्ध गायिका, तन्वि,
मेरे स्वर की रागिनी वह्नि
सकार हुई दृष्टि में सुघर,
समझा मैं क्या संस्कार प्रखर।
शिक्षा के बिना बना वह स्वर
है, सुना न अब तक पृथ्वी पर।
जाना बस, पिक-बालिका प्रथम
पल अन्य नीड़ में जब सक्षम
होती उड़ने को, अपना स्वर
भर करती ध्वनित मौन प्रान्तर।
तू खिंची दृष्टि में मेरी छवि,
जागा उर में तेरा प्रिय कवि,
उन्मनन-गुंज सज हिला कुंज
तरु-पल्लव कलि-दल पुंज-पुंज,
बह चली एक अज्ञात बात
चूमती केश-मृदु नवल गात,

देखती सकल निष्पलक-नयन
तू, समझा मैं तेरा जीवन।

सासु ने कहा लख एक दिवस—
"भैया अब नहीं हमारा बस,
पालना-पोसना रहा काम,
देना 'सरोज' को धन्य-धाम,
शुचि वर के कर, कुलीन लख कर,
है काम तुम्हारा धर्मोत्तर;
अब कुछ दिन इसे साथ ले कर
अपने घर रहो, ढूँढ कर वर
जो योग्य तुम्हारे, करो ब्याह
होंगे सहाय हम सहोत्साह।"
सुन कर, गुन कर चुपचाप रहा,
कुछ भी न कहा,—न अहो, न अहा,—
ले चला साथ मैं तुझे, कनक
ज्यों भिक्षुक लेकर; स्वर्ण-झनक
अपने जीवन की, प्रभा विमल
ले आया निज गृह-छाया-तल
सोचा मन में हत बार-बार—
'ये कान्यकुब्ज-कुल-कुलांगार
खा कर पत्तल में करें छेद,
इनके कर कन्या, अर्थ खेद;
इस विषय-बेलि में विष ही फल,
यह दग्ध मरुस्थल,—नहीं सुजल।'
फिर सोचा—मेरे पूर्वजगण
गुजरे जिस राह, वही शोभन,
होगा मुझको, यह लोक-रीति
कर दूँ पूरी, गो नहीं भीति
कुछ मुझे तोड़ते गत विचार;

पर पूर्ण रूप प्राचीन भार
ढोने में हूँ अक्षम; निश्चय
आयेगी मुझमें नहीं विनय
उतनी जो रेखा करे पार
सौहार्द-बन्ध की, निराधार।
वे जो जमुना के-से कछार
पद, फटे बिवाई के, उधार
खाये के मुख ज्यों, पिये तेल
चमरौधे जूते से सकेल
निकेल, जी लेते, घोर-गन्ध,
उन चरणों को मैं यथा अन्ध,
कल घ्राण-प्राण से रहित व्यक्ति
हो पूजूँ, ऐसी नहीं शक्ति।
ऐसे शिव से गिरिजा-विवाह
करने की मुझको नहीं चाह।'

फिर आई याद—मुझे सज्जन
है मिला प्रथम ही विद्वज्जन
नवयुवक एक, सत्साहित्यिक,
कुल कान्यकुब्ज, यह नैमित्तिक
होगा कोई इंगित अदृश्य
मेरे हित है हित यही स्पृश्य
अभिनन्दनीय। बँध गया भाव,
खुल गया हृदय का स्नेह-स्राव;
खत लिखा, बुला भेजा तत्क्षण,
युवक भी मिला प्रफुल्ल, चेतन।
बोला मैं—"मैं हूँ रिक्त हस्त
इस समय, विवेचन में समस्त—
जो कुछ है मेरा अपना धन
पूर्वज से मिला, करूँ अर्पण

यदि महाजनों को, तो विवाह
कर सकता हूँ; पर नहीं चाह
मेरी ऐसी, दहेज दे कर
मैं मूर्ख बनूँ, यह नहीं सुघर,
बारात बुला कर मिथ्या व्यय
मैं करूँ, नहीं ऐसा सुसमय।
तुम करो ब्याह, तोड़ता नियम
मैं सामाजिक योग के प्रथम,
लग्न के, पढूँगा स्वयं मन्त्र
यदि पण्डितजी होंगे स्वतन्त्र।
जो कुछ मेरे, वह कन्या का,
निश्चय समझो, कुल धन्या का।"
आये पण्डितजी, प्रजावर्ग
आमन्त्रित साहित्यिक ससर्ग
देखा विवाह आमूल नवल;
तुझ पर शुभ पड़ा कलश का जल।
देखती मुझे तू, हँसी मन्द,
होठों में निजली फँसी, स्पन्द
उर में भर झूली छवि सुन्दर
प्रिय की अशब्द शृंगार-मुखर
तू खुली एक उच्छ्वास-संग,
विश्वास-स्तब्ध बँध अंग-अंग,
नत नयनों से आलोक उतर
काँपा अधरों पर थर-थर-थर।
देखा मैंने, वह मूर्ति-धीति
मेरे वसन्त की प्रथम गीति—
शृंगार, रहा जो निराकार
रस कविता में उच्छ्वसित-धार
गाया स्वर्गीया-प्रिया-संग
भरता प्राणों में राग-रंग

रति-रूप प्राप्त कर रहा वही,
आकाश बदल कर बना मही।

हो गया ब्याह, आत्मीय स्वजन
कोई थे नहीं, न आमन्त्रण
था भेजा गया, विवाह-राग
भर रहा न घर निशि-दिवस-जाग;
प्रिय मौन एक संगीत भरा
नव जीवन के स्वर पर उतरा।
माँ की कुल शिक्षा मैंने दी,
पुष्प-सेज तेरी स्वयं रची,
सोचा मन में—'वह शकुन्तला,
पर पाठ अन्य यह, अन्य कला।'
कुछ दिन रह गृह, तू फिर समोद,
बैठी नानी की स्नेह-गोद।
मामा-मामी का रहा प्यार,
भर जलद धरा को ज्यों अपार;
वे ही सुख-दुख में रहे न्यस्त;
तेरे हित सदा समस्त, व्यस्त;
वह लता वहीं की, जहाँ कली
तू खिली, स्नेह से हिली, पली;
अन्त भी उसी गोद में शरण
ली, मूँदे दृग वर महामरण!

मुझ भाग्यहीन की तू सम्बल
युग वर्ष बाद जब हुई विकल,
दुख ही जीवन की कथा रही,
क्या कहूँ, आज, जो नहीं कही!
हो इसी कर्म पर वज्रपात
यदि धर्म, रहे नत सदा माथ

इस पथ पर, मेरे कार्य सकल
हों भ्रष्ट शीत के-से शतदल!
कन्ये, गत कर्मों का अर्पण
कर, करता मैं तेरा तर्पण!

सुदामा पाण्डेय 'धूमिल'

श्री धूमिल का पूरा नाम सुदामा पाण्डेय 'धूमिल' है। इनका जन्म 9 नवंबर 1936 ई. को वाराणसी जिले के खेवली नामक ग्राम में हुआ। 1953 ई. में आपने हाईस्कूल परीक्षा उत्तीर्ण की तथा 1958 ई. में विद्युत प्रमाण-पत्र प्राप्त किया। 12 जुलाई 1958 ई. में आप औद्योगिक प्रशिक्षण संस्थान वाराणसी में नियुक्त हुए।

हाईस्कूल पास करने के उपरांत धूमिल जीविका की तलाश में कलकत्ता गए। कलकत्ता में परिचितों का सहयोग न प्राप्त कर वह लोहा ढोने वाले मजदूरों के साथ लोहा ढोने का काम करने लगे। गौहाटी तबादला किये जाने के कारण धूमिल ने यह नौकरी छोड़ दी और 1957 ई. में आई. टी. आई. वाराणसी में एडमिशन लिया। 1974 ई. में धूमिल को ब्रेन ट्यूमर हो गया और 10 फरवरी 1975 को के.जी. मेडिकल कॉलेज लखनऊ में उनकी मृत्यु हो गई।

'संसद से सड़क तक', 'कल सुनना मुझे', 'सुदामा पाण्डेय का प्रजातन्त्र' आपके काव्य संग्रह हैं। आप 1975 में मध्य प्रदेश शासन साहित्य परिषद् का मुक्तिबोध पुरस्कार तथा 1979 में 'कल सुनना मुझे' पर साहित्य अकादमी पुरस्कार से सम्मानित किये जा चुके हैं।

धूमिल की कविता बुनियादी तौर पर केवल व्यवस्था से नहीं जूझती, व्यवस्था की अमानवीय परिस्थितियों से मुठभेड़ करती है। उसकी आक्रामकता में जहाँ एक ओर लाचारी है, वही दूसरी ओर भविष्य के दिगन्त तक गूँज जाने वाली टंकार भी है। सामाजिक क्रूरता के घेराव में, वह नये मानव-मूल्यों के लिए लड़ने-भिड़ने वाली कविता है। एक जिम्मेदार रचनाकार की तरह धूमिल समाज की पशु-प्रवृत्तियों पर सांघातिक चोट करते हैं और कविता की भाषा में, अपनी सहज आत्मीयता से इन छद्मवेशी पशु-आचरणों के पीछे-छिपे सामाजिक तथ्यों का उद्घाटन करते हैं किन्तु अपनी सामाजिक विवशताओं और संस्कारगत-मनोगतवादी अवधारणाओं के कारण, वह अंतर्विरोधों के वर्गीय अन्तर्वस्तु को अमूर्त छोड़ देते हैं। अपनी मार्क्सवादी समझ के बावजूद, यूटोपियन-मूल्यों के प्रति इतनी गहरी आस्था रखने वाला व्यक्ति धूमिल, अपने आप में समाज द्वारा कितना उत्पीड़ित रहा, यह अपने संदर्भों में, एक दर्दनाक कहानी है।

भाषा की रात

बजट के अँधेरे में
नींद का
सविनय अवज्ञा आंदोलन
चल रहा है
नारों के पीछे
चीज़ों का नाटक बनाती हुई
भीड़ में
किसी बेशऊर आदमी का
बैरंग पुतला
चिटख्-चिटख् जल रहा है,
उसकी राख
फुटपाथ पर पड़े भिखारी के
खाली कटोरे में
गिर रही है
धुएँ से ढके हुए
आसमान के नीचे
लगता है कि हर चीज़
झूठ है :
आदमी
देश
आज़ादी

और प्यार
सिर्फ़, नफरत सही है

नफरत सही है
इस शहर में
या उस शहर में
यानी कि मेरे या तुम्हारे शहर में
चन्द चालाक लोगों ने—
(जिनकी नरभक्षी जीभ ने
पसीने का स्वाद चख लिया है)
बहस के लिए
भूख की जगह
भाषा को रख दिया है
उन्हें मालूम है कि भूख से
भागा हुआ आदमी
भाषा की ओर जायेगा
उन्होंने समझ लिया है कि—
एक भुक्खड़ जब गुस्सा करेगा,
अपनी ही अँगुलियाँ
चबायेगा

और अब—
वे लौटा रहे हैं उपाधियाँ
और अलंकार,
उत्तेजित भीड़ का कवच
धारण करने के लिए
उनकी बनियानों के नीचे
छिपी हुई खूनी कटार
इस बार

फिर
परोपकारी कलम में
तब्दील हो गयी है
और लो,
लिपियों के अँधे कुहराम में
देखते ही देखते
एक परिचित चेहरा
किसी तत्सम शब्द की तरह अपरिचित
हो गया है

एक तारा टूटा है
उत्तर से दक्षिण की ओर
रोशनी की भीगती हुई गूँज के
सिरे से छूट कर
गिरा है–
लुण्डमुण्ड–चीखता हुआ आसमान
जैसे आत्महत्या की
कोशिश करता हुआ आदमी
रस्सी टूटने से
जमीन पर गिरा है
शहर
दूसरे शहर की अफवाहों से
घिरा है
बख्तरबन्द गाड़ियों का दस्ता
तुम्हारी बगल से
अभी-अभी गुज़रा है
'तीन मुँह वाली' एक खौफनाक परछायी
तुम्हारे सामने
टाँग पसार कर
बेझिझक लेट गयी है

यह भाषा की रात
नंगी
और
ठण्डी
और
काली 'तीन मुँह वाली' यह भाषा की रात है
तुम्हारी ऊब का
चेहरा पहन कर
हत्यारों ने
फिर
उसी जुबान में
बोलना शुरू किया है
जिसमें तुम्हारे बचपन की
लोरियों की गन्ध है
और
जो तुम्हें बेहद पसन्द है
उनके भीतर
लाल फीतों वाली
मौकापरस्त
बौनी भलमनसाहत
दुबारा जगी है
और सहसा
उनकी सहानुभूति
तुम्हारे पसीने की बदबू से
मेल खाने लगी है
यानी कि उन्होंने मान लिया है कि
जो बीमार है
उसे रोशनी में
नंगा होने का
पूरा अधिकार है

उन्होंने सुरक्षित कर दिए हैं
तुम्हारे संतोष के लिए
पड़ोसी देशों की
भुखमरी के किस्से,

तुम्हारे गुस्से के लिए
अख़बार का
आठवाँ कालम

और तुम्हारी ऊब के लिए
'वैष्णव जण तो तेणे कहिये' की
नमकीन धुन
गरज यह कि तुम्हें पूरा जाम करने का
पूरा इंतज़ाम है
जहाँ चीज़ें
तुम्हारे शिनाख़्त के अभाव में
अपनी असलियत खो रही हैं
वहाँ मादरी ज़ुबान में
देश का
चमकता हुआ नाम है

लेकिन तुम
अपने आप में डूबे हुए
चुपचाप—
खड़े हो
किताब में छपे पेड़ की तरह
मौसम से बेखबर
और मैं
तुम्हें वक्त में
वापस खींच लाने की कोशिश में

लगा हूँ,
नहीं—मुझे इस तरह
डबडबाई हुई आँखों से
मत घूरो
मैं तुम्हारे ही कुनबे का आदमी हूँ
शरीफ हूँ
सगा हूँ
फिलहाल
तुम्हें ग़लत जगह डालने का
मेरा कोई इरादा नहीं है
मगर साथ ही
यह भी साफ कर दूँ कि मेरा साहस
राशन कार्ड में लिखे—
एक फालतू नाम की दलील से
ज़्यादा नहीं है

हाँ, मैं भी भयभीत हूँ
व्यवस्था की खोह में
हर तरफ
बूढ़े और रक्तलोलुप मशालची
घूम रहे हैं
इतिहास की ताज़गी
बनाये रखने के लिए
नौजवान और सफल
मौतों की टोह में
उन्हें हमारी तलाश है

उन्होंने जलते हुए आदमी को
झण्डे की तरह उठा लिया है
और उसे

हमारे चेहरों पर
गाड़ना चाहते हैं
उन्हें हमारी तलाश है
ज़मीन की जली हुई जिल्द पर खड़ा–
रोशनी सूँघने वाले जासूस कुत्तों का
खतरनाक झुण्ड
उनके इशारों का इंतज़ार कर रहा है
हर तरफ 'जागते रहो' के करिश्मे
गश्त कर रहे हैं

कल तक मुँह में जीभ डाल कर
बोलने वाला प्यारा पड़ोसी
आज,
देशी दाँतों की दोस्ती से
डर रहा है

यह भाषा की रात है
चीज़ें
या तो झुक रही हैं
या पीछे हट रही हैं
भाषा और भाषा की बीच की दरार में
उत्तर और दक्षिण की तरफ
फन पटकता हुआ
एक दोमुँहा विषधर
रेंग रहा है
रोज़ी के नाम पर
रोटी के नाम पर
जगह-जगह ज़हर
फेंक रहा है

और...और वह देखो कि—आऽऽ है
प्रांतीयता का चेहरा लगाये हुए
कोई घुसपैठिया है?

और वह देखो वहाँ—
वे तैश भरे चेहरे

वे मेरे देश के हमउम्र नौजवान
जिनकी आँखों में
रोज़गार-दफ्तर की
नोनछही ईंटों का अक्स
झिलमिला रहा है—
वे मेरे दोस्त—
किस तेजी से तोड़ना चाहते हैं भाषा का भ्रम
लेकिन रेल का डिब्बा
टूट रहा है

वे हाँफती हुई जंगली नदी के
दहाने पर पहुँच गये हैं
(जहाँ से बैलों के भित्तिचित्रों वाली पाषाणकालीन गुफ़ा
शुरू होती है)
और शहर—
अपनी भूल-चूक का
अता-पता पूछने वाला शहर—
बहुत पीछे छूट रहा है
दूर बहुत दूर
जहाँ आसमान अपने बौने हाथों से
हिन्दुस्तान की ज़मीन को
नंगा कर रहा है

एक विदेशी मुद्रा वाला–
अवैतनिक दुभाषिया खिलखिला रहा है–

और वो देखो–
वह निहाल-तोंदियल
कैसा मगन है
हुचुर-हुचुर हँस रहा है

भाड़े की भीड़े के अन्धे जुनून पर
उसे, कतई, ऐतराज नहीं है
उसका कहना है कि लाभ और शुभ के बीच
सिन्दूर तो है मगर लाज
नहीं है
यह हमारी अवहेलना–
यह सारा जोश
यह सारी ऊब
यह सारा रोष–
उसके लिए केवल तमाशा है
बिना किसी क्षोभ के
उसने अपने तख़्तियों के अक्षर
बदल दिये हैं
क्योंकि बनिया की भाषा तो सहमति की
भाषा है

देश डूबता है तो डूबे
लोग ऊबते हैं तो ऊबें
जनता लट्टू हो
चाहे तटस्थ रहे
बहरहाल, वह सिर्फ यह चाहता है
कि उसका 'स्वस्तिक'–

स्वस्थ रहे
ओ भाषावार हमलों से हलकान मेरे भाई!
क्या तुम्हें अब भी
उसी का भरोसा है?
जिसके अधिकार में
हमारी लिट्टी है,
चावल है
इडली है
डोसा है
हाय! जो असली कसाई है
उसकी निगाह में
तुम्हारा यह तमिल-दुख
मेरी इस भोजपुरी पीड़ा का
भाई है
भाषा उस तिकड़मी दरिन्दे का कौर है
जो सड़क पर और है
संसद में और है
इसलिए बाहर आ!
संसद के अन्धेरे से निकल कर
सड़क पर आ!
भाषा ठीक करने से पहले आदमी को ठीक कर
आ! अपने चौदहों मुखों से
बोलता हुआ आ!

ओ देश के पोर-पोर में दुखते हुए गूँगे जनून!
क्रोध की अकेली मुद्रा में
उफनते हुए सात्विक खून!
आ, बाहर आ
मैं एक अदना कवि—तेरी भाषा का मुहताज
मुझे अपनी बोली में शरीक कर

चीख, अपने होने की पीड़ा से चीख
लीक तोड़
अब और तरह—
मत दे
साफ-साफ कह दे—
भूख जो कल तक रोशनी थी
आज, नींद से पहले का
जागरण है,
सुविधापरस्त लोगों के
ऊसर दिमाग में
थूहर की तरह उगी हुई राजनीतिक
शब्दों से बाहर का व्याकरण है,

साफ़-साफ़ कह दे कि यह
सिर्फ, सकारी हुई आत्मीयता है
कि भूखा रह कर भी आदमी
अपने हिस्से का आकाश
मुस्कराते हुए ढोता है

अपने देश की मिट्टी को आँख की
पुतली समझता है
वर्ना, रोटी के टुकड़े पर
किसी भी भाषा में देश का नाम लिख कर
खिला देने से
कोई देशभक्त नहीं होता है।

लीलाधर जगूड़ी

जन्म : 1 जुलाई 1940, धंगण गाँव, टिहरी (उत्तराखंड)। ग्यारह वर्ष की अवस्था में घर से भागकर अनेक शहरों और प्रान्तों में कई प्रकार की जीविकाएँ करते हुए शालाग्रस्त शिक्षा के अनियमित क्रम के बाद हिन्दी साहित्य में एम.ए.। लिखने-पढ़ने की उत्कट चाह के कारण तत्कालीन रक्षामन्त्री कृष्ण मेनन को फौज़ की नौकरी से मुक्ति के लिए प्रार्थनापत्र भेजा, फलतः छुटकारा। 1970 के 13 सितम्बर को भयंकर प्राकृतिक त्रासदी में परिवार के सात लोगों की एक साथ मृत्यु। 1966-80 तक शासकीय विद्यालयों में शिक्षण-कार्य।

1980 में पर्वतीय क्षेत्र में प्रौढ़ों के लिए लिखी 'हमारे आखर' (प्रवेशिका) तथा 'कहानी के आखर' पाठ्य-पुस्तकें साक्षरता निकेतन, लखनऊ से प्रकाशित। राजस्थान के कवियों के संकलन 'लगभग जीवन' का सम्पादन। अखिल भारतीय भाषाओं की नाट्यालेख प्रतियोगिता में 1984 में 'पाँच बेटे' नाटक पर प्रथम पुरस्कार। मराठी, पंजाबी, मलयालम, बांग्ला, उड़िया, उर्दू आदि भारतीय भाषाओं में तथा रूसी, अंग्रेजी, जर्मन, जापानी और पोलिश आदि विदेशी भाषाओं में कविताओं के अनुवाद।

सूचना एवं जनसंपर्क विभाग उ.प्र. की मासिक पत्रिका 'उत्तर प्रदेश' तथा नए राज्य उत्तरांचल की प्रथम पत्रिका 'उत्तरांचल दर्शन' का संपादन। सेवानिवृत्ति के बाद उत्तरांचल के प्रथम सूचना सलाहकार रहे। उत्तराखंड संस्कृति साहित्य एवं कला परिषद् के प्रथम उपाध्यक्ष।

प्रकाशित कविता-संग्रह : 'शंखमुखी शिखरों पर', 'नाटक जारी है', 'इस यात्रा में', 'रात अब भी मौजूद है', 'बची हुई पृथ्वी', 'घबराए हुए शब्द', 'भय भी शक्ति देता है', 'अनुभव के आकाश में चाँद', 'महाकाव्य के बिना', 'ईश्वर की अध्यक्षता में' तथा 'ख़बर का मुँह विज्ञापन से ढका है'।

गद्य : मेरे साक्षात्कार के लिए रघुवीर सहाय सम्मान, भारतीय भाषा परिषद्, कोलकाता तथा 1997 के साहित्य अकादमी पुरस्कार से सम्मानित। 2004 में पद्मश्री से अलंकृत।

संप्रति : पूर्णतः स्वतंत्र लेखन।

फोन : 0135-2666548, मो. 09411733588

एक शब्द तिनका

लाखों लाख संकल्पहीन डूबते हुए लोगों की पकड़ से टूटा हुआ
एक शब्द आया और बोला, 'मैं तिनका हूँ'

'और तुम लोग जो भी हो; तुमसे मुझ सहारा चाहिए
अपनी जड़ से जुड़े रहने के लिए
अपनी देह में खड़े रहने के लिए...
और साथ ही एक छोटी-सी विनम्रता और है कि
मेरी जड़ आदमी के संकल्प में है, उसके पाजामे में नहीं

अंतिम रूप में डुबोने के लिए जो पछाड़ आ रही है
उसे इतना सख़्त बना दो
कि वह उसे 'किनारे' की तरह पकड़ सके
जो लोग डूब रहे हैं उन्हें नारे की नहीं, किनारे की ज़रूरत है

और जो लोग डुबो रहे हैं वे मेरा नाम ले रहे हैं
सहारे के लिए
मैं कोई सिद्धान्त नहीं, न मैं कोई मर्यादा हूँ
धागे पर अटकी हुई कोई शिला भी नहीं
जो किसी को चकनाचूर कर दूँ
दरअसल वे मुझे भाषा से ही उखाड़ देना चाहते हैं
क्योंकि मैं एक तिनका हूँ

मैं मामूली होने की आख़िरी हद हूँ
और लोग मुझे पकड़ना चाहते हैं'

जितने भी वे जो कुछ थे वगैरह-वगैरह और क्या-क्या थे
उनके पास एक-से-एक पैने शब्द थे
उनके पास बिना अर्धविरामों वाली बेचैनी थी
उनके पास घायल घपले थे
उनके पास अपनी सफलताओं के निश्चित नमूने थे
वे बोले
वे तमतमाकर बोले
वे लपलपाकर बोले—

'लफ़्फ़ाजी करते हो
तुम्हारे सहारे तो सारे डूबते हुए यहाँ तक चले आए
इस गले-गले पानी तक
इस अंत तक; इस अंतिम तट तक
लगता है तुम भी किसी षड्यंत्र में शामिल हो
फिर भी जाओ; तुम क्रांति तक वहाँ खड़े रहो
अगर हम बच गए; अगर हम जीत गए
तो तुम्हें पेड़ बना देंगे
तुम्हारी मजबूती के लिए यह जरूरी है

तुम्हें आदमी की ज़रूरत में नहीं पड़ने देंगे
हम आस्था के वटवृक्ष उगाकर
तुम्हारा सहारा लेने को मना कर देंगे'

'नहीं-नहीं', तिनके ने कहा—'मैं उन्हें ही कटवाने आया हूँ
अपने आस-पास से
अपने में उलझी झाड़ियाँ मुझे दबोच रही हैं
उन्हें निर्जड़ी कर दो

मैं पेड़ की तरह नहीं अपनी तरह होना चाहता हूँ
अपनी कमजोरी और अपनी मजबूती के बीच
मैं ज़्यादा से ज़्यादा घास होना चाहता हूँ

अपनी समृद्धि में; अपनी खुशहाली में
मैं अपनी ही नस्ल के आस-पास होना चाहता हूँ

मैं उससे भी नीचे उतारना चाहता हूँ अपनी जड़ें
जहाँ तक पहुँचकर
मेरी ऊँचाई एक मटमैले फूल में नहीं बदल जाती

क्योंकि मैं महसूस करता हूँ अपने सूखे हुए शरीर में
रात-दिन किसी फल की नागरिक आहट

न सही फल, फूल ही सही
मेरा अविख्यात और मामूली फूल
मेरा, घास की गंध वाला फूल
अंत में जो फूल कम और मेरा सिर ज़्यादा होगा
जो मेरे जितने ज़्यादा सिर होगा
मैं उसको उतना ज़्यादा नचाऊँगा

नाचते-नाचते मेरे सिर पर सवार
जिसे जूझना पड़ेगा; जिसे कूदना पड़ेगा
बाहर मेरे दृष्टिकोण से
भीतर अँधेरे से उजाले तक फैलाये हुए
जिसके सूत मैं थामे रहूँगा
हाँ और न के बीच
पत्तियों की नोक पर उगेंगे मेरे नाखून
हवा हथियार भाँजेगी
फिर भी चुनेगी चिड़िया मेरे लावण्य को

आँधी के बीच
मेरी पसलियों को समझकर दीवार
पेड़ के हिलने पर चिड़िया
टहनी के टूटने पर डरेगी

उसे डाँवाडोल होने से बचाए रहेगा
उसके नये पंखों से जुड़ा हुआ
मेरी नस्ल का कंकाल

नहीं उजड़ेगा; नहीं उजड़ेगा घोंसले में बुना हुआ
दिमाग से जुड़ी हुई चोंच का बेतरतीब ख़याल
चोंच का बेतरतीब शिल्प

पत्तलों पर जब उत्सव परोसे जाएँगे
मैं वहाँ दो पत्तों को जोड़े हुए मिलूँगा
अपने हाथ-पाँव तुड़वाकर
मैं अलग-अलग जन्मे दो पत्ते जोड़ूँगा
उत्सव के बाद एक मुट्ठी 'कूना' बनकर
किसी के भी बर्तन पर मैं जूठा नहीं छोड़ूँगा

फिर भी ज़मीन पर उगता रहूँगा मैं
उसके जरूरी कपड़े की तरह
मैं वहाँ भी उगूँगा जहाँ पेड़ सफल नहीं होते
मैं वहाँ भी उगूँगा जहाँ कुछ भी नहीं उगता

सबसे पहले मुझे चिड़िया ने चुना था
(उसकी चोंच में
मैं आज भी कितना सार्थक दिखायी देता हूँ)

पेड़ों को उखाड़ने वाला आँधी की उद्दण्डता में
उसके लिए धरती से चिपककर उगूँगा मैं
पत्ती की नोंक पर ओस के फूल में
सूर्य को बिठाऊँगा मैं
हर रोज़ सूर्यमुखी होकर तपूँगा मैं

अपने सिर पर एक फूल
पैदा करने का मतलब है
भविष्य की हरी धरती
भविष्य के मामूली लोगों द्वारा सजायी गयी धरती
व्यवस्था-विहीन
गूँगे पशुओं की जरूरी धरती पर
एक फूल पैदा करने का मतलब है
अपने खून में मिली हुई मिट्टी को
दृष्टिकोण में बदल देना

फूल : जिसमें अनेक तिनकों के बीज होंगे
कितने समय ताकि मैं बता सकूँ
इतिहास मेरे सहारे झूलता रहा
यह शरणार्थी इतिहास
यह आँधी में उड़ने वाला इतिहास
यह पेड़ों के साथ उखड़ने वाला इतिहास

तुम्हारे इतिहास से मेरा इतिहास
बिलकुल अलग है
ज़मीन पर बिखरकर उगने वाला
उससे चिपककर फैलने वाला
मेरा इतिहास
जिस पर 'पद-दलित' होने की मार पड़ रही है
मेरा इतिहास

मेरे सिर पर इसलिए होगा
क्योंकि मेरी जड़ अँधेरे में पत्थर से लड़ रही है

जो मेरे सिर पर आपत्ति की तरह होगा
औलाद की तरह होगा; परिणाम की तरह होगा
उस फूल के होते-होते जो हथौड़े गिरेंगे
उन चोटों में खिलेगा मेरा इतिहास
फिर भी इति नहीं होगी, मेरे हास-उपहास की

उन्होंने कभी नहीं सोचा था
तिनका अपनी बात में; इतना बड़ा हो सकता है।
या कि सारे माहौल में अपने विचार को
ताकत में बदलकर खड़ा हो सकता है

वे सोच भी नहीं सकते थे कि तिनके का कोई जीवन
मगर मामला गहरा है
भविष्य की नींव और खण्डहर की भीत
उसका दोनों पर पहरा है
अगर हम तुम्हारा कुछ कर सकें—वे बोले
'एक बात बताओ हम तुम्हें कहाँ ढूँढें?
तुम्हारा अड्डा? तुम्हारी लेन?
तुम्हारी पार्टी? तुम्हारी गिरोह?
तुम्हारे मिटे हुए दुखों की सूचना तुम तक कैसे पहुँचाएँ?
तुम्हारे मिटे हुए अभियोग तुम्हें कहाँ पर बताएँ?
युद्धरत हम तुम तक आएँगे

इस विषय पर कि तिनके का सहारा भी अब नहीं
मिल पाएगा उदास लोगों को—
हम एक गोष्ठी बुलाएँगे
और युद्धरत हम तुम तक आएँगे'

मुझे ढूँढने की जरूरत नहीं—तिनका बोला
मुझे बोने की जरूरत नहीं
मुझे सींचने की जरूरत नहीं
गाँव जाते हुए मुझे निरर्थक छूती है जनता
मैं भी निरर्थक छूता हूँ आदमी के पाँव
पर वे अचानक दरांती लेकर आते हैं
और मुझे अपनी झोंपड़ी का कपड़ा बना देते हैं
मुझे अपनी झोंपड़ी का दरवाजा बना देते हैं
मुझे अपने चारों ओर दीवार बना देते हैं
फिर मैं तिनका नहीं, 'घर' बन जाता हूँ
अपनी जड़ से कटकर
मैं दूसरों के जन्म से जुड़ जाता हूँ

एक आदमी के भीतर हो रहे हज़ार-हज़ार जन्मों से
उनकी भूख से! उनकी नींद से
निकलते हैं कुछ पशु और मुझे चरने लगते हैं
जब उगने लगते हैं मेरे वंशधर
तब टीलों के कंधे उभरने लगते हैं

मुझे ढूँढने की जरूरत नहीं
मेरा कोई गिरोह नहीं; मेरा कोई अड्डा नहीं
जहाँ कोई नहीं है वीरानगी का वहाँ मैं हूँ

उद्दण्डता से नहीं, विनम्रता से हारा हूँ
ख़ुद अपना सहारा हूँ मैं
मेरा कोई पक्ष नहीं
मगर विपक्ष होने के खतरे पूरे मौजूद हैं
जिस समय तुम लोग सच्ची विपत्ति
महसूस करोगे
मैं तुम्हें किसी भी चीज़ में दिखायी देने लगूँगा

पत्थर में। लकड़ी में। पुराने हथियार में
फलांस के टुकड़े में। बच्चे की स्लेट में
अपने ही किसी भी निर्णय में
मैं तुम्हें दिखायी देने लगूँगा

दरअसल मैं न तुम्हारी आँख में उगता हूँ
न तुम्हारी आँख से दिखायी पड़ने वाले मैदान में
अगर उगता हूँ तो तुम्हारे निर्णय में उगता हूँ
तुम्हारे अंत के करीब
तुम्हारे पतन के पास
जहाँ ख़तरे की चेतावनी और नैतिक उपदेश
तारीखें काटती नदी में गिर चुके होते हैं
लोग मुझे तोड़ते हैं और दाँतों के बीच फँसे हुए
खुराक के आख़िरी कतरों को
स्वाद के इलाके से बाहर कर देते हैं
मुझे जितना चाहते हैं कुतर देते हैं
वहाँ भी मैं एक कोशिश हूँ
वहाँ भी मैं एक परिणाम हूँ
शर्मदारों के लिए बहुत बड़ी आड़ हूँ

जब बड़े-बड़े उखड़ रहे होंगे आँधी-तूफान में
मैं तुम्हें ज़मीन पर चिपका हुआ
मैं तुम्हें शौचालय के आस-पास
मैं तुम्हें ठाकुरबाड़ी में मिलूँगा
और कभी अगर तुम मुझे दरबार में ढूँढोगे
वहाँ मैं तुम्हें चोर की दाढ़ी में मिलूँगा।'

इतने में वे उत्साहित होकर। आतुर होकर
एक साथ चिल्लाये—'आएँगे, आएँगे
हम वहाँ जरूर आएँगे

हम वहाँ मशाल लेकर आएँगे
हम वहाँ आग लेकर आएँगे'

तिनका बोला—तुम वहाँ आग लेकर आओगे
तो मैं तुम्हारी मदद करूँगा
सारी पृथ्वी पर बिछे मेरे पद-दलित वंशधर
एक साथ जल उठेंगे
अगर तुम्हारे पास कोई आग होगी
तो मैं विश्वास दिलाता हूँ कि वह फैल जाएगी
मगर एक बात का ख़याल रखना
तुम्हारी आग जब दूसरों को दिखायी दे
तो फिर उसे जेब में मत रखना
वरना वह तुमको ही जला देगी
तुम एक-एक पेड़ की तरह अलग-अलग
अकेले जलोगे
मैं जानता हूँ और ऐसा हो भी सकता है
तुम अपने एक-एक टुकड़े को अंगार में बदल दोगे
लेकिन वक्त की हवा और मौसम का जोर
तुम्हें दस प्रतिशत कोयला
और शेष प्रतिशत राख में बदल देगा

तुम मेरी तरह नहीं जलोगे
मेरे पददलित वंशधरों की तरह

हम जब जलते हैं तो हमारी राख
अलग से नहीं देखी जा सकती
हम आग को समेटते नहीं
आग को फैलाते हैं
एक-दूसरे से जुड़े हम आग के पुल बन जाते हैं

आग की सवारी के लिए
हम सबसे ज़्यादा मुफ़ीद घोड़े हैं
जबकि किसी शब्दकोश में
नहीं लिखा पाओगे तुम
हमारे लिए 'अग्नि अश्व'

अब तक की हर हरियाली के
हम अंतिम परिणाम हैं
हम जब जलेंगे तो धरती
दूर से ही काली दिखायी देगी
काली और उपजाऊ
कभी देखा है काली धरती का
फिर एकदम हरा होता हुआ चेहरा?

तुम आना। तुम किसी भी विचार से मेरे पासा आना
मैं देखूँगा कि मेरा पूरा का पूरा वंश
तुम्हारे काम क्यों नहीं आ सकता?

क्या केवल इसलिए कि हमारे काम करने के ढंग में
समानता और प्रचण्डता, दोनों ज़्यादा हैं

हो सकता है हमारे काम में
तुम सब भी काम आ जाओ
क्योंकि तुम्हारी जड़ मिट्टी में नहीं है

लेकिन इस अग्निकांड के बाद जो भी उगेंगे
वे कहीं से भी मरियल और उदास नहीं होंगे

उस कड़ियल डहडहे हरेपन के लिए
तुम आग लेकर ही आना

मगर आना जरूर
तब तक मैं देखता रहूँगा
तुम्हारे न आने को

मगर ख़याल रखना आग हमारा अंतिम बयान है
और यह भी याद रखना कि मदद मिटाने में नहीं होती;
जैसा कि आजकल प्रचलन है

हम मामूली होने की आखिरी सामर्थ्य हैं
तुम आना
तुम आग लेकर ही आना
क्योंकि हममें तो जैसा भी पड़ेगा फर्क
पर तुम्हारी भाषा में दोगुना पड़ जाएगा।

उदय प्रकाश

जन्म : 1952, मध्य प्रदेश के शहडोल (अब अनूपपुर) जिले के गाँव सीतापुर में।
शिक्षा : सागर वि.वि. सागर और जवाहरलाल नेहरू वि.वि., नई दिल्ली में।
कार्य : जवाहरलाल नेहरू वि.वि. और इसके मणिपुर केन्द्र में लगभग चार वर्ष तक अध्यापन। संस्कृति विभाग, मध्य प्रदेश, भोपाल में लगभग दो वर्ष विशेष कर्तव्यस्थ अधिकारी। इसी दौरान 'पूर्वग्रह' का सहायक संपादन। नौ वर्षों तक टाइम्स ऑफ इंडिया के समाचार पाक्षिक 'दिनमान' के सम्पादकीय विभाग में नौकरी। बीच में एक वर्ष टाइम्स रिसर्च फाउंडेशन के स्कूल ऑफ सोशल जर्नलिज्म में अध्यापन। लगभग दो वर्ष पी.टी.आई. (टेलिविज़न) और एक वर्ष इंडिपेंडेंट टेलीविज़न में विचार और पटकथा प्रमुख। कुछ समय 'संडे मेल' में वरिष्ठ सहायक संपादक रहे। इन दिनों स्वतंत्र लेखन तथा फिल्म और मीडिया के लिए लेखन।

उदयप्रकाश कविता को हर बार वहाँ से पकड़ने की कोशिश करते हैं जहाँ से उसका मूल उत्स है। इसलिए वह अपने अनुभव - लोक में हमेशा इस तरह प्रवेश करते हैं—"विकसित सभ्यताएँ जिस तरह लौट जाती हैं धरती के गर्भ में" या "इतिहास जिस तरह विलीन हो जाता है समूह की मिथकगाथा में", हमारी चेतना पर निरंतर जमती जाती धूल को हटाकर उसके अन्दर झाँकने का यह उनका अपना ढंग है, जहाँ यथार्थ और स्वप्न के बीच के सारे कामचलाऊ विभाजन अर्थहीन हो जाते हैं। यह कवि उदय प्रकाश की एक ऐसी काव्य युक्ति है जिसे उन्होंने अपने लम्बे आत्मसंघर्ष के भीतर से अर्जित किया है।

कृतियाँ : 'सुनो कारीगर', 'अबूतर-कबूतर', 'रात में हारमोनियम, एक भाषा हुआ करती है' (कविता संग्रह)। 'दरियाई घोड़ा', 'तिरिछ', 'और अंत में प्रार्थना', 'पॉल गोमरा का स्कूटर', 'पीली छतरी वाली लड़की', 'दत्तात्रेय के दुख', 'मोहन दास', 'अरेबा परेबा', 'मैंगोसिल' (कहानी संग्रह)। 'ईश्वर की आँख', 'अपनी उनकी बात' और 'नयी सदी का पंचतंत्र' (निबंध, आलोचना, साक्षात्कारों का संकलन)
अनुवाद : 'लाल घास पर नीले घोड़े' (मिखाइल शात्रेव के नाटक का अनुवाद और

रूपान्तर), 'कला अनुभव' (प्रो. हरियन्ना की सौन्दर्यशास्त्रीय पुस्तक का अनुवाद), 'इंदिरा गांधी की आखिरी लड़ाई' (बी.बी.सी. संवाददाता मार्क टुली-सतीश जैकब की किताब का हिन्दी अनुवाद), 'रोम्यां रोलां का भारत' (आंशिक अनुवाद और सम्पादन)।

पुरस्कार : भारत भूषण अग्रवाल पुरस्कार (1980), ओमप्रकाश साहित्य सम्मान (1982), श्रीकांत वर्मा स्मृति पुरस्कार (1992), मुक्तिबोध पुरस्कार (1996), साहित्यकार सम्मान, हिदी अकादेमी, दिल्ली (1999), रामकृष्ण जयदयाल सद्भावना सम्मान (1997), पहल सम्मान (2003), कथाक्रम सम्मान (2005), पुश्किन सम्मान (2006), द्विजदेव सम्मान (2006-07)।

बैरागी आया है गाँव

इस धरा-धाम में हम
कब तक और ठहरें, भाई?
यहाँ तो दूर-दूर
कोई फल-फूल नहीं, कोई
जलाशय, कोई शीतल मृदु कूप भी नहीं

बस लू है,
जिसकी छाया में अंगार दहकते हैं
लपटें कौंधती हैं
और सूखी हड्डियों के झाँझ-मँजीरे बजाते
बूढ़े-उजड़े गाछ हैं

और खेत हैं कि जिनमें
बैलों के पंजर गलते हैं
घाम में लोहाये थके कामगार हैं
जिनके पसीने में
पिस्सू कील केंचुए और जोंक पलते हैं।

खेत हैं, कि सपने, बीज, हल-बैल, घर-परिवार,
सुख-सन्तोष
सब निगल जाते हैं
और तुम हो

तुम हो,
तो तुम भी क्या हो?
आदमी कि पिशाच कि भेंड़
कि पाड़ा कि सागौन के सूखे पेड़
जिन पर ठेकेदारों के कुल्हाड़े चल रहे हैं
कि जतवे के पत्थर
जिन पर सब अपनी
दाल दल रहे हैं

तुम हो क्या
कि एक भयानक हाहाकार
कि एक रुदन कि एक बूढ़ी ख़ामोशी
कि एक बहुत पुरानी मूर्च्छा।

तुम्हारी आँखों की जगह पर
ख़ाली कटोरे हैं तुचके-पिचके काँसे के,
जिनमें छाछ है
और छाछ में महाजन का, ठेकेदार का,
चौधरी का, हाकिम का,
हुक्काम का, नेता का
मन्त्री का, सन्तरी का, पुलिस का,
सेना का, ठाकुर का, बाम्हन का,
देश का,
विदेश का,
धर्म का, तन्त्र का सत्ता का,
यानी दूसरे-दूसरे लोगों का
पाप थरथराता है

इसी गाँव का
जोगी-जोगड़ा लौटा है

दस साल बाद, शहर-महाशहर,
गाँव-दर-गाँव की
गली-सड़क, धूल-धुआँ छान कर।

बन्धु, एक आध तबेला भात लाओ
पुराने सिरीकमल चावल का
अरहर की दाल
थोड़ी कुड़कुड़िया घी और
अचार आम का
तो हम धन्य हों।

यह भूख भी ससुर अत्यन्त विचित्र वस्तु है
जब लगती है तो उदर में
लंका दहन होने लगता है और हमारी
भभूत-रमी काया
बिरजू महाराज बन कर
तांडव नृत्य, भरत नाट्यम, कथकलि, ओडिसी,
कुचिपुडि की सारी मुद्राएँ
आपै आप बनाने लगती है।

तो हम महारास करते हैं
तो धरा पर हमारे पैर थिरकते हैं
तो कानों में डमरू बजने लगता है
तो पेट में तानपूरा
और दिमाग़ में शंख-घड़ियाल।

हम तभी बजाते हैं ज़ोर-ज़ोर चमीटा
और 'जाग मछन्दर गोरख आया
अलख निरंजन गोरख आया
ओ दुखभंजन गोरख आया'

का आलाप छेड़ते हैं।

असल में हम तो
भूख को भगाते हैं
पेट को सुलाते हैं।

बन्धु, समझो ज्ञान-पुरान
वेद-कुरान की बातें
यह मथुरा है, यही है गोलोक, दिव्य धाम,
जहाँ तुम्हारा चूल्हा ठण्डा पड़ा है
पतीली औंधी धरी है
और पाँच दिन की भूखी कानी कुतिया
जहाँ सो रही है
पाँच दिन की बुझी राख पर।
यहीं जसोदा माता ने ललाजी को
दधि-भोग कराया था
उनके कमल जैसे गालों पर माखन चुपड़ा था
और जहाँ तुम्हारी मेहरारू का पेट
बिना अन्न के भी फूला है
और यह नागिन-सी ऐंठ तड़प रही है

वहीं नन्दलला ने राधिका जी का...
धन्य हो,
धन्य हो...!!
इसी पावन धरती पर ब्रज किशोरियों के...
धन्य हो!
धन्य हो...!!
और यह टूटा-फूटा अँगना
धँसता-ढहता ओसार

यह दस जगह से खुली-उधड़ी परछी
यहीं पर द्वारकाधीश
अजर बिहारी बनवारी ने
अपने निर्गुन प्रेम का जादू भर कर
बाँसुरी वादन किया था, जिसे सुन कर
गाँव की गोपिकाएँ
नाचती, कूदती, हाँफती, झूमती आयी थीं
और यहीं पर
प्रभु का 'पुण्य-प्रसाद' पाया था।

यह भारतखण्ड
यह गोलोक, यह केलिधाम,
यह महारास भूमि, यह ब्रज का पावन प्रदेश
यहाँ सुन्दरियाँ हडियल-मरियल क्यों
दृष्टिगोचर होती हैं?

जल-विहार नहीं करतीं ये गोपिकाएँ?
इनके पद-प्रहार से
क्या पुष्पित नहीं हो जाते अशोक के पेड़
क्या इनकी आँखों को देख-देख
निर्द्वन्द्व घूमती हिरनियाँ
लज्जा से अपनी अपनी आँखें नहीं मूँद लेतीं?

अहा, तात
हमें किसी विरहिणी से तो मिलाओ
यमुना तट वाले कदम्ब तले जो
गये साल के भादों से आज तलक
लगातार खड़ी हो
और छैलबिहारी—प्रभु बनवारी के वियोग में

जिसके अश्रु ढुलक-ढुलक कर
यमुना के मीठे जल को खारा कर रहे हों।

भाई गुस्सा क्यों होते हो?
तुम्हें भरोसा नहीं धरम की बातों पर,
मरम की बातों पर, चरम-परम की
बातों पर?

हम जानते हैं वत्स,
भरोसा तो है, पर
फुरसत नहीं है तुम्हें।

हम जानते हैं कि तुम्हें अभी
परधान का खेत निराना है, ठाकुर के
गोरू चराने हैं, पटवारी का चौखट बनाना है,
पण्डिज्जी की रसोई के लिए
लकड़ी चीरना है, पटेल का हल चलाना है,
तकादे में आये महाजन के
कारिन्दे को फिर से टरकाना है।
वत्स, सुनो
हम तुम्हारे भीतर की दुनिया को
देख सकते हैं, साफ़-साफ़
अपनी कवित्त की आँख से।

जानते हैं कि
कि तुम्हारी छाती के भीतर
पहली बार गुस्से की आग अब धधकी है,
पहली बार तुम्हारी मुट्ठियाँ
कुल्हाड़े पर अब कसी हैं,
पहली बार तुम्हारी आँखों के पीछे

तेन्दुए की लौक झलकी है,
पहली बार तुम्हारी नसों में बाघ का बनैला
ख़ून दौड़ा है।

पहली बार तुम्हारे
पखेरुओं जैसे भोले-भाले दिमाग़ ने
दूर-दूर तक सोचा-विचारा है
अपनी भला-बुरा, हित-अहित सोचा है।

पहली बार
सैकड़ों साल पुराने बरगद की
पत्तियों से उतरकर आयी हैं
तुम्हारे पुरखों की आत्माएँ
और उन्होंने इतिहास का सत्य
तुम्हारे सामने खोला है।

जानते हैं हम
कि पहली बार बंगाल से भोजपुर तक
कश्मीर से कन्याकुमारी तक
मुशहरी से राजहरा तक
मथुरा-वृन्दावन से बदरीधाम तक
भिवंडी से त्रिवेन्द्रम तक
इम्फाल से छतीसगढ़ तक
तुम्हारी आँखों का रंग बदला है।
तुमने एक साथ
कंस के पूतों-पोतों-पड़पोतों को
पहचाना है।

देख आये हैं हम
कि जिरीबाम से श्रीकाकुलम,

बरौनी से फरीदाबाद,
जलपाईगुड़ी से चिरमिरी,
भिलाई-दुर्ग से जमशेदपुर-धनबाद तक,
देश के एक कोने से दूसरे कोने तक
बिहार से केरल
केरल से त्रिपुरा
त्रिपुरा से बंगाल
तिरुपति से कैलास तक

तुम्हारे पसीने, तुम्हारे ख़ून,
तुम्हारी पीड़ा, तुम्हारे क्रोध का
रंग एक है।

पहली बार
बरसों-शताब्दियों से सोयी
तुम्हारी आत्मा के
क्रोध ने अँगड़ाई ली है।
भाई, सुनो
हम ठहरे रमते जोगी बहते पानी,
झाँझ-करताल बजा-बजा कर
कवित्त-कीर्तन बना-बना कर
रोज़ी रोटी कमाते
पेट भरते गवैये।

हम जा कर कहेंगे
ठूँठ गाछों से
कि वे हरे हो जायें
मधुर फलों और कोमल शिशु कोंपलों से
लद जायें।

जा कर कहेंगे
गोप-गोपियों से
कि वे पुष्ट और प्रसन्न हो जायें।
शिशुओं से
कि वे रोटी-भात खा कर
लट्टू नचायें
कालियदह पर गेंद खेलें
पृथ्वी को गिल्ली बना लें
आकाशगंगा को डण्डा
समुन्दर को मैदान
और खेलें।

खेलें कोबरो-करैतों से भरे इस
घटाटोप जंगल में।
खेलें निर्भय इन विषधरों के
हज़ार-हज़ार फनों पर
अपनी दूध-सी कोमल और उजली
पगथलियाँ पटक कर

खेलें,
खेलें कि उनके
खेलने-खाने के दिन हैं ये।

गायेंगे हम कि
गउओं के थन
स्वादिष्ट और पौष्टिक दूध से
भारी हो जायें
बछड़े अपनी रम्भाहटों की
तुरही बजा दें
खेत मोटे-मोटे

गूदेदार अन्न से
अँट जायें।

जा कर कहेंगे गाँव-गाँव,
शहर-शहर, ओर-छोर कि बैरागी आया इस बार
सन्देशा ले कर
कि सब-के-सब तैयार हो जायें।

कि बीत रहा है
कलियुग का एक और चरण,
कि ढह रहा है
काल का एक और कठिन कगार,
कि पछाड़ें मार रहा है
दबी हुई जाति का एक विराट सागर।

जा कर कहेंगे बहुओं से
बहनों से, बेटियों से,
कि वे भयभीत न हों,
रोज़-रोज़ के अत्याचारों से
बागपत, बेलछी, शिवरामपुर, खरखेड़ा और
तमाम कई नामों से,
आसूँ न बहायें
कातर न हों

कहेंगे कि वे जागें और
सरजू, गंगा, जमुना, कोसी, बागमती,
सोन, नर्मदा, ब्रह्मपुत्र, केन, बेतवा, टमस और ताप्ती
के तटों पर उगे बाँस और कठई के
घने-गझिन जंगलों को काट कर
धनुष-बाण बनायें

और चंडी बन जायें
चामुंडा बन जायें, काली-महाकाली
भैरवी बन जायें,
अजिता बन जायें।

बैरागी आया है गाँव
पाप से लदी हुई धरती दरक रही है।
हज़ारों-लाखों सालों से चुप खड़े
पहाड़ों के भीतर
उनके कलेजे में, उनके फेफड़े में,
उनके हृदय में
जाग रही है वर्ग-चेतना की
नयी ज्वालामुखी।
हर चट्टान के गर्भ में
गाने लगी हैं
मुक्ति की चिड़ियाँ
एक नया पद।

पेड़ पढ़ने लगे हैं
निराला, नेरूदा, नज़रुल, नागार्जुन, नाज़िम,
नेटो और सुकान्त के
अजर-अमर छन्द।

जाग मछन्दर
बैरागी आया है गाँव।
अलख निरंजन
बैरागी आया है गाँव।
जै दुखभंजन
बैरागी आया है गाँव

बैरागी आया है गाँव
क्या होता है अगर
बाहर बची-खुची
मुट्ठी-भर
भाड़े के टट्टुओं की
कायर सेना
हमारे-तुम्हारे ख़िलाफ़ है!

लीलाधर मंडलोई

छिन्दवाड़ा ज़िले के एक छोटे-से गाँव गुढ़ी में जन्माष्टमी के दिन जन्म। भोपाल विश्वविद्यालय से बी.ए., बी.एड. (चार वर्षीय पाठ्यक्रम) अंग्रेजी साहित्य में। रविशंकर विश्वविद्यालय, रायपुर से पत्रकारिता में स्नातक और हिंदी साहित्य में स्नातकोत्तर। कॉमनवेल्थ रिलेशंस ट्रस्ट, लंदन द्वारा प्रसारण की उच्च शिक्षा हेतु 1987 में आमंत्रण। आकाशवाणी के कई केंद्रों में काम। दूरदर्शन में नौकरी।

किताबें : कविता-संग्रह—'घर-घर घूमा', 'रात-बिरात', 'मगर एक आवाज़', 'काल बाँका तिरछा', 'देखा-अदेखा' (चयन), 'क्षमायाचना, 'उपस्थित है समुद्र' (हिंदी और रूसी में चयन)

गद्य कृतियाँ—'कविता का तिर्यक' (आलोचना), 'अर्थजल' (निबंध), 'काला पानी' (यात्रा वृतांत), 'दाना पानी' (डायरी)

अनुवाद—शकेब जलाली की ग़ज़लों का लिप्यंतरण' (मंज़ूर एहतेशाम के साथ), 'अनातोली पारपरा की रूसी कविताएँ' (अनिल जनविजय के साथ)

विविध—'अंदमान निकोबार की लोककथाएँ' (दो भागों में), 'बच्चों के लिए किताबें' (कहानियाँ), 'कविता के सो बरस' (आलोचना : संपादन), 'नारी मुक्ति का स्वप्न' (स्त्री विमर्श : संपादन), 'बुंदेली लोकरागिनी' (बुंदेली गीतों का चयन)

सम्मान : पुश्किन सम्मान (अंतराष्ट्रीय), रज़ा सम्मान (राष्ट्रीय), शमशेर सम्मान (राष्ट्रीय), नागार्जुन सम्मान (राष्ट्रीय), वागीश्वरी सम्मान (राज्य स्तरीय), कृति सम्मान 'दिल का क़िस्सा' के लिए, हिंदी अकादमी, दिल्ली।

विशेष : फ़िल्म की पटकथा, फ़िल्म निर्माण और निर्देशन भी—मुक्तिबोध, परसाई, श्रीकांत वर्मा, चेखव, कुमार गंधर्व आदि की कृतियों पर केन्द्रित।
अंतराष्ट्रीय पुस्तक मेला, जर्मनी में भारत के लेखक के रूप में प्रतिनिधित्व।
कई देशों की यात्राएँ

संपर्क : ए-2492, नेताजी नगर, नई दिल्ली-110023

अमर कोली

1

मारा गया सड़क के ऐन बीच इस तरह
कि आत्महत्या से इतर कुछ और न लगे
चश्मदीदों के आस-पास बुना गया
भय और भ्रम का सोचा-समझा जाल
और अफ़वाहें कि जो उनका हथियार थीं

सिखाए-पढ़ाए कुछ लोग थे सड़कों पर
और उचारने को पास उनके था एक ही पद
'आख़िर क्या पड़ी थी अमर कोली को
एक ट्रक के नीचे खुद को इस तरह झोंक देने की'
सुनते हुए यह इधर-उधर और दूर-पास
दारोगा मिश्रा की मूँछे मुस्कियाँ रही थीं और
चश्मदीद चुप थे इतने अधिक कि भयभीत

आत्महत्या जैसी कि बताई जा रही थी
ठीक पहले उसके, सुनीं उसने कुछेक आवाज़ें
जिन्हें सिर्फ़ वही जानता था और उसके साथी
उन पदचापों, गालियों और क़हक़हों को भी
पहचानता था वह बख़ूबी, पीछा कर रहे थे अर्से से जो

2

एक गाड़ी थी जो समय पर हाज़िर और उसे अब
लिटाया जा रहा था अंदर ध्यान से कि आश्चर्य
फोटोग्राफ़र जा चुके थे निपटा के काम झटपट
सब कुछ इतनी जल्दी कि सक्षम पुलिस जो
हत्या के पहले से आसपास मौजूद और
जुटी इस क़दर कि सब कुछ मनमुआफ़िक

उसके संदर्भ में समय थमा हुआ था कि भाग रहा
कहना मुश्किल, बस बहुत जल्दी में थी पुलिस
लगा उसे दोस्तों तक पहुँच ही गई होगी यह ख़बर
दफ्तर से शायद ही कोई आये
कि हाक़िमों की ख़ुशी का आतंक बहुत
घर से किसी के पहुँचने और
आर्त्तनाद, विलाप और रुदन-गुहार के पहले
वह हो जाना था विदा कि कठिन
देख पाना वह सब जो घटने को था

दरोगा हड़का रहा था लोगों को
पूछ रहा था बार-बार किसी परिचित का नाम
या कि हो अगर वहाँ कोई नातेदार
साथ जिसे पोस्टमार्टम के लिए रवाना कर
मुक्त हो, दिखा सके कि वह एक ढर्रे का काम
और इतना अहम नहीं कि अमर कोली के लिए
छोड़ा जा सके भारत-पाकिस्तान का क्रिकेट युद्ध

3

देख के यह सब रहा नहीं गया जब कोली से
अपनी आत्मा के बल वह उठा और
पहुँच गया वहाँ, आख़िरी वक्त में थी उसे
जहाँ से उम्मीद इतनी कि बहुत अधिक

पहला, साथ जिसके क़ायम थी मिसाल दोस्ती की
भर रहा गिलास रोज़ से अधिक कि ऐसा ज़माना और
वह दूसरा बुटाँची बैठा था वहीं
लोग जिसे मानते थे उसकी परछाईं

और वह जुलूसों में रहने वाला हरदम साथ
कह रहा था प्रसन्नता में अपनी पत्नी से
'बड़ी मुश्किल से हुई जगह वह ख़ाली
निगाह थी जिस पर बरसों से कि इतनी अहम'

चौथा जो माना जाता था दाहिना हाथ
निकला कुछ अधिक दुनियादार कि दिखा
उसकी पत्नी के काँधे को थपथपाते
आँखों में उसकी एक दूसरी चमक थी

और वह जिसपे भरोसा कभी टूटा न था
कर रहा था सबसे ज़रूरी काम
शोक-संदेश में भाव-सुधार और
उसकी आँखों की पुतलियाँ फड़क रही थीं

कोली मुस्कराया और लौट पड़ा वहाँ
छोड़ आया कि जिधर उसकी देह
उसने देखा उघरे पाँवों के पास
उसका कुत्ता था जो सूँघते हुए हवाओं में वहाँ
सच की तरह चला आया था
उसकी आँखों से फूटे हुए थे धारे
और कान थे कि हरेक आहट पर
रह-रह के चौंक उठते थे कि इंतज़ार ऐसा

4.

सिपट्टे ने कुत्ते को हकाल बाहर किया
'कोली' भी उतर पड़ा साथ उसके
कि इस दुःख में छोड़ना अकेला उसे ठीक नहीं
गाड़ी बिना किसी को साथ लिए जा चुकी थी
और वह देख रहा था अपना जाना कि वह वाह मुस्तैदी!

बची-खुची भीड़ को तितर-बितर कर रही थीं लाठियाँ
और कुत्ता कुछ दूर तक दौड़ा...पीछे, फिर वह
रोने लगा आसमान की तरफ़ मुँह उठा
लोग सुनके उसे भीगे कि डरे बहुत कहना मुश्किल
बस पुलिस वाले थे जो पत्थर बरसा रहे थे

यह एक व्यस्त सड़क थी महत्त्वपूर्ण
इसी रास्ते गुज़रते थे अतिविशिष्ट जन
न्यायाधिपति, मंत्रीगण और आला अफ़सरान
हवा ज़रूर थी उदास और नमी लिए हुए और
वे सब अब भी गुज़र रहे थे हस्बमामूल

रोते हुए कुत्ते के साथ वह दाख़िल हुआ बस्ती में
बच्चे रोज़ की तरह क्रिकेट खेल रहे थे
वहीं खड़ा था 'तिवारी' उसका साथी
बता रहा था आँखों देखा हाल कुछ ऐसे
हत्या जैसे एक धार्मिक उत्सव हो
कुत्ता यह सब सुन भौंका उस पर और
कहा उसने हिकारत में हश...'कोली' का कुत्ता साला
और सुनाने लगा पहले-सी लय में
कि रसभंग न हो सज्जनों का प्रवचन में
मानो वह हो कथावाचक आसाराम बापू

आकाश में कुछ कौए थे मँडराते
जिन्हें वह बिना चूक रोटी खिलाता था
वे नीचे उतर रहे थे
साथ में वह चिड़िया जिसके घाव पर
उसने लगाया मरहम कई रोज़ तक
वह उसकी अदेह पर बैठने का यत्न कर रही थी
सबकी आवाजें करुणा में ऊब-चूब थीं।
और वह हँसी लोगों की
उनके दुःख को घृणा में बदल रही थी

बस्ती में एक ही घर था जिसमें
विलाप की करुण ध्वनियाँ थीं
वह ठिठका, साथ में कुत्ता और
कौए और चिड़िया और हवा
वह जाने क्या सोच लौट पड़ा कि
हँसी फैलती जा रही थी

कुछेक घर थे बस, जिनकी खिड़कियाँ उदास थीं
लौटते हुए वहाँ से उसने...सुना
कुत्ते का रुदन, पंखों की फड़फड़ाहट
हिलती कुछ खिड़कियों का दुःख
पत्थर फेंकने की आवाज़ें और
वही एक वाक्य...'हश...कोली का कुत्ता'

5

देखा उसने रास्ते में कि ऐसा देखा न था
पेड़ों पर पत्तियाँ उदास थीं और अनमनी
हवा जैसे गीले कपड़ों की गंध में लिपटी थी
और ख़बर आत्महत्या की बस फैलाई जा रही थी

बार-बार ठिठकते कुछ बूढ़े थे वहाँ
जिनकी बढ़ती हुई खाँसी उसे कोड़ रही थी
उनके खाँसने में विरोध था गहरा
कह रहे थे कि वे अटकते हुए—'झूठ है सब' और
गुस्से में हाथों की छड़ियाँ काँप रही थीं।

वह इधर से दूर उधर लौट रहा था
जहाँ पड़ी थी उसकी लावारिस देह
वहीं बैठा था सिर झुकाये एक अधेड़
दूसरा जो लौटा था अभी-अभी और
कह रहा था उस अधेड़ से
ख़बर होने पर भी नहीं आया डॉक्टर
चला गया पत्नी के साथ सिनेमा देखने के ऐसा समय

उस अधेड़ ने उठाया अपना चेहरा और
बुदबुदाया 'आख़िर मार ही दिया ससुरों ने'
उसका अनुभव था शायद जो बोल रहा था
वह अस्पताल का पुराना जमादार था
डॉक्टर के इशारे पर वही करता था देह की चीर-फाड़
देख के जिसे दूर से, लिखी जा सके अंतिम रपट

जमादार पिए हुए था शाम से
कि काटते हुए अंग-प्रत्यंग
काँपे न उसके हाथ कि वह उसका काम नहीं
पीने की इसी कारण अघोषित छूट थी उसे
डॉक्टर को इतने बरसों में
अरुचि हो उठी थी अपने ही काम से
नौकरी का अर्थ इतना ही था अब
कि जो चाहे जैसा लिखवा ले रपट, ले-देके

जमादार का नशा उतार पर था
मन हालाँकि हुआ पीने को लेकिन
खिसका के परे बोतल को, उसने देखा
उन आँखों में, जो अब तक खुली थीं
कोई भय नहीं था उनमें और वह हैरान हुआ

टटोली उसने मृतक की ख़ून में लिथड़ी जेब
थे कुछ तुड़े-मुड़े काग़ज़ और
झाँकती उसमें से एक तस्वीर
जिसकी बरामदगी में पुलिस चूक गई थी
जामा तलाशी के बावजूद

वह एक बच्ची की तस्वीर थी जो अब भी
रक्त के धब्बों में डूबी मुस्कुराए जा रही थी
देखा जो उसने पलट के मृतक की आँखों में
वहाँ किसी से लिपट के मिलने का इंतज़ार था

कितनी ही आँखें देख चुका था वह
जाने कितनी कर चुका था बंद
असमंजस में था बहुत आज और
रोकता अपने हाथों को बार-बार
कि सच हो जाए आँखों का भाव कि कोई चमत्कार हो

6

अँधेरा बढ़ता ही जा रहा था
पेड़ पर घुग्घू बैठा था और
चीखना उसका नीरवता को भेद रहा था
और गुस्सा दोनों में बढ़ता ही जा रहा था कि
नहीं पहुँचा डॉक्टर और वे गरिया रहे थे
बची-खुची हलक में उड़ेल ली मिल-जुल के दोनों ने

जाने क्या हुआ कि पहला यानी अधेड़
तस्वीर को चूमता रोने लगा बेतरह
दूसरा जो गुमसुम था पोंछने लगा अपनी आँखें
देख के यह सब अमर कोली सचमुच
भाग जाना चाहता था कि बच्ची
अब भी रक्त में डूबी मुस्कुराए जा रही थी

मन लिपट के रोने का भी हुआ बहुत
देख के दोनों को इस तरह बेहाल
सोच रहा था बस इतना कि
बचा हुआ अभी कहीं बहुत कुछ

7

दिसम्बर का सर्द मौसम था वह और
रात इतनी बर्फ़ कि काँप रही थीं साँसें
झींगुरों की इक्का-दुक्का आवाज़ें रह-रह के
मौसम के भय से सघन होने से बची हुईं
दीवार के उस तरफ़ अदालत
जो निष्पंद थी सबूत के अभाव में क़ैद

एक इमली का पेड़ था वहाँ विशाल और
उसकी शाखाओं पर मन्नतों की
रंग-बिरंगी चिंदियाँ थीं जो
स्ट्रीट में लगे किसी बड़े बल्ब के उजाले में
थक के निढाल लटकी हुई थीं बेमक़सद

कुत्तों की उपस्थिति ठंड में अनुपस्थित थी
और हवा का झोंका बरछी-सा बह रहा था
पहले ने खुली हुई लाश को ढाँप दिया जतन से
और दूसरा मुख्यमंत्री को कोस रहा था

सोचा उसने डॉक्टर और पुलिस वाले
पहुँचेंगे नहीं कि होंगे सबके सब
मौज-मस्ती या किसी हिसाब-किताब में
या फिर पढ़ रहे हों सरकार का रुख़

वह उठा और निकल पड़ा पास के मकानों में
लिवा लाया वहाँ से दो और जमादार साथी
उठाया चारों ने जब, वो बोला उसमें से एक
सँभाल के भाई यह तो अपना कोली और
अधेड़ वह बड़बड़ा रहा था—'हत्या और साफ़ हत्या'

उठाते हुए सब चौंके और देखा एक बार ध्यान से
दुख में अपार डूबी अब वह शवयात्रा
साथ में गालियाँ, घृणा और क्रोध
उनके पाँव शवगृह की तरफ़ थे जहाँ से
आ रही थी मरे हुओं की गंध

शवगृह के भीतर रिक्त था एक बक्सा
प्रतीक्षा में मानो कोली के और
यह जानता हुआ कि आएगा वह
राजनीति का अर्थ जानता था निर्जीव बक्सा तक
रख दिया गया उसे वहाँ और देखा
उस अधेड़ ने एक बार और कि
आँखें उसकी अब तक खुली हुई थीं

कुछ और शव थे वहाँ और अब
वह उनमें शामिल था कि जिन्हें
विलंब से उपजे न्याय के चलते
होना था वहीं कि इसी रास्ते चल रहा लोकतंत्र
और इतनी अशक्त और विकल्पहीन अदालतें

कि मुँह छुपाती सबूत के अंधकार में और
राजनीति थी कि होती जा रही थी ताक़तवर

करने को ही थे जब शवगृह के द्वार बंद
हलकान से पहुँचे कुछ लोग
टाँगें उनकी काँप रही थीं और
इतनी ठंड में गुस्सा इतना कि कहें आग

डॉक्टर, पुलिस, पत्रकार, नेता, वकील
सबके सब गालियों के निशाने पर
कुछ न कर पाने की लाचारी कि
हर जगह पहुँचे और लौटे ख़ाली हाथ

जमादारों ने जोड़ लिए हाथ कि क़ानून ऐसा
कोली देख रहा था उन सबको
और जूझते-लड़ते हुओं की निराशा

कोई और रास्ता न देख उसने छोड़ दी वह जगह
आवाज़े जो पीछे थीं, अब भी कर रही थीं पीछा
निकल के चला आया वह शहर के बीचों-बीच
जीवन रोज़ की तरह सामान्य था
बस आत्महत्या की अफ़वाह आग-सी फैली हुई थी
जवाहर भवन के पास उमग रही थी भीड़
और अख़बार वाले अफ़वाह को सच में बदल रहे थे
समझता हुआ भीतर का सच
वह पहुँचा इमारत के भीतर जहाँ
अध्यक्ष महोदय मोबाइल को थामे लेटे हुए थे
और एक तस्वीर में गांधी उनके पीछे जो
हरिजनों के गाँव में जाते दीख रहे थे

हवाओं में चर्चा कुछ ऐसी थी मानो
उभरते किसी संकट पर फ़तह हुई हो
किसी अपने को पार्टी में आगे लाने की बात थी
और किसी वोट-बैंक पर क़ब्जे की चर्चा थी

शोक की औपचारिकता में मुख्यमंत्री का जिक्र था और
अध्यक्ष महोद्दय उनका शोक संदेश सुना रहे थे जब
एकाएक मोबाइल बज उठा
संदेश को पत्रकारों में बाँटने के लिए कह
बतियाने लगे कि उस छोर पर मुख्यमंत्री

फिर इशारा कर सभी को बाहर किया गया
और अब घूम रहा था टेलीफ़ोन
एक क्रम में कई नंबर
पुलिस, डॉक्टर और चुने हुए पत्रकार

कोली न तो चौंका, न हुआ उसे कोई अचरज
उसे याद आते रहे मुख्यमंत्री के प्रस्ताव
जो उसने अस्वीकार किए पिछले बरसों
और वे थे कि मुस्कुराते रहे

सोचते-सोचते उसे आई सारी बातें याद
और बजाय चीखने के हँसने लगा कोली
उसकी हँसी फैलती जा रही थी लाँघती
उस एक चर्चित हँसी को
जो राजनीति के मखौल का अनुवाद थी

परिशिष्ट

जयशंकर प्रसाद (आँसू)

शब्दार्थ

करुणा कलित=करुणा से भरे हुए, विस्मृत=भूली हुई, व्योमगंगा=आकाशगंगा, निलय=घर, स्फुलिंग=चिंगारियाँ, अनिल=हवा, बाड़वज्वाला=समुद्र की आग, बड़वानल, प्रणयसिंधु=प्रेम रूपी समुद्र, कुन्तला=घुँघराले बालों वाली, केशिनी, अकिञ्चन=बहुत ही दीन या दरिद्र, चैतन्य=ज्ञान, चेतना, अलि=भौंरा, अलकों=केश, लट, मकरन्द=पराग, पुष्प-रस, बेगार=बेमन से किया गया काम, चातक=पपीहा, श्यामा=कोयल, करुणार्द्र=करुणा से परिपूर्ण, विभूति=राख या भस्म, दुर्दिन=संकट के दिन, क्रन्दन=विलाप, रोना, करुणापट=तेज आँधी-पानी, नीरदमाला=बादलों के झुण्ड, तम=अंधिकार, रजनी=रात, स्वर्गङ्गा=स्वर्ग से उतरी हुई गंगा, राका=पूर्णिमा की रात, जलनिधि=समुद्र, हिमकर=चंद्रमा, माधवी कुञ्ज=सुगंधित फूलों वाली लताओं का झुरमुट, किसलय=नवांकुर, नया निकला हुआ पता, गोधूलि=संध्या काल, घन=मेघ, लावण्य=सरस सुंदरता, विधु=चंद्रमा, फणियों=नागों, मानिक=एक प्रकार का रत्न, जलधि=समुद्र, अञ्जन रेखा=काजल रेखा, बरौनी=भवें, पलकों के आगे के बाल, स्मित=हँसी, मुस्कुराहट, सम्पुट=दोना, अंजलि, शुक=तोता, सरसिज=कमल, पुरइन=कमल का पत्ता, अनङ्ग=कामदेव, शिंजिनी=नुपूर, पैजनी।

सूर्यकान्त त्रिपाठी 'निराला' (सरोज-स्मृति)

शब्दार्थ

ऊनविंश=उन्नीस, तनये=पुत्री, दृकूपात=दृष्टिपात, अष्टादशाध्याय=अठारह अध्याय, मृत्यु-तरणि=मृत्यु की नौका, तूर्ण-चरण=शीघ्रता से डग बढ़ाते हुए, अहरह=लगातार, निरंतर, ज्योतिस्तरणा=ज्योति फैलाने वाली, दुस्तर=विकट, कठिन, अर्थागमोपाय=धन अर्जित करने का उपाय, चीनांशुक=एक प्रकार का रेशमी कपड़ा, जो पहले चीन से आता था, भास्वर=दीप्त, भासमान, लोकोत्तर=अलौकिक, समाभ्यस्त=एक समान दक्ष, प्रवर=श्रेष्ठ, मुख्य, अपल=अपलक, निर्निमेष, शरक्षेप=वाण-वर्षा, जीर्ण=टूटा-फूटा, पुराना, अजिर=आँगन, सहन, कलक=चीत्कार, शोर, निशि-वासर=रात-दिन, हासोच्छल=उन्मुक्त हँसी, ऊर्मि-धवल=चमकीली लहरें, प्रान्तर=उजाड़, वन, सुघर=सुघड़, मालकौश=एक प्रकार का राग, सलील=लीलायुक्त, कौतुकी, दृप्त-धार=तेज युक्त

धार, उत्कलित=खिला हुआ, लहराता हुआ, वह्नि=अग्नि, आग, नवल गात=सुन्दर शरीर, युवा शरीर, विषय-बेलि=सांसारिक भोग-विलास रूपी बेल या लता, दग्ध=जला या जलाया हुआ, घ्राण=सूँघने की शक्ति, नैमित्तिक=के निमित्त, स्पृश्य=स्पर्श करने के योग्य, उच्छ्वसित=उच्छ्वास, श्वास, उसास, मही=पृथ्वी, न्यस्त=रखा या धरा हुआ, शतदल=कमल, तर्पण=हिन्दू कर्मकांड का वह कृत्य जिसमें देवों, ऋषियों और पितरों को तृप्त करने हेतु उनके नाम से जल दिया जाता है।

धूमिल (भाषा की रात)

शब्दार्थ

बजट=राष्ट्रीय मदों के लिए प्रतिवर्ष सरकार द्वारा निश्चित किये गये व्ययों का ब्योरा, सविनय अवज्ञा आन्दोलन=अंग्रेज सरकार के विरुद्ध भारतीय राष्ट्रीय कांग्रेस द्वारा चलाया गया एक आंदोलन, बेशऊर=बेढंगा, बैरंग=विफल, नफ़रत=घृणा, भुक्खड़=भूखा, अलंकार=पदक,पुरस्कार, कवच=युद्ध में सैनिकों द्वारा पहना जाने वाला विशेष सुरक्षा-वस्त्र, बनियान=अंतःवस्त्र, कटार=छुरी, तब्दील होना=बदल जाना, ढल जाना, लिपियाँ=भाषा के लिखने हेतु प्रयोग किये जाने वाले ध्वनि चिह्न, कुहराम=भगदड़, शोर-गुल, तत्सम=संस्कृत के वे शब्द जो दूसरी भाषाओं में भी ज्यों के त्यों प्रयोग में लाए जाते हैं, लुण्ड-मुण्ड=सिर के बल, अफवाह=कानाफूसी, अपुष्ट ख़बर, बख़्तरबन्द=फौलाद से बनी, दस्ता=झुण्ड, दल, खौफनाक=भयानक, मौकापरस्त=अवसरवादी, बौनी=कम लम्बाई की, ठिगनी, भलमनसाहत=अच्छाई, सहसा=अचानक, वैष्णव जण तो तेणे कहिए=गाँधी जी का प्रिय भजन, शिनाख़्त=पहचान, मादरी जुबान=मातृभाषा, कुनबा=समुदाय, पंथ, शरीफ=सज्जन, भद्र, दलील=तर्क, खोह=गुफा, कोटर, खाई, रक्तलोलुप=रक्त का प्यासा, मशालची=मशाल लेकर चलने वाला, टोह=आहट लेना, ज़िल्द=परत, पटल जासूस=खोजी, गुप्तचर, दोमुँहा=दो मुँह वाला, विषधर=साँप, रोज़ी=रोज़गार, ज़हर=विष, प्रांतीयता=क्षेत्रीयता, घुसपैठिया=अवैध तरीके से घुस आने वाला, तैश=रोष, गुस्सा, हमउम्र=समवयस्क, नोनछही=नमकीन, अक्स=छवि, परछाईं, दहाना=मुँह, उद्‌गम, भित्तिचित्र=दीवारों पर उकेरे गए चित्र, लीक=ढर्रा, ऊसर=बंजर, थूहर=एक प्रकार की कंटीली घास, सकारना=स्वीकारना, आत्मीयता=अंतरंगता, मिलाप, तोंदियल=बढ़ा हुआ पेट वाला, जुनून=उन्माद, ऐतराज=आपत्ति, लाज=शर्म, लज्जा, अवहेलना=निरादर, रोष=गुस्सा, क्षोभ=उद्वेग, विकलता, स्वस्तिक=एक शुभसूचक चिह्न, दरिन्दा=खूंखार, सात्विक=पवित्र, अदना=मामूली, मुँहताज=निर्भर, शरीक=शामिल।

लीलाधर मंडलोई (एक तिनका)

शब्दार्थ–

तिनका=घास की पतली टहनी, पछाड़=धारा, लहर, शिला=पत्थर, पैने=नुकीले, घपले=गड़बड़ियाँ, लफ़्फ़ाजी=बड़बोलापन, षड्यन्त्र=साज़िश, आस्था=विश्वास, वटवृक्ष=बरगद का पेड़, निर्जड़ी=बिना जड़ की, नस्ल=जाति, अविख्यात=बेनाम, दृष्टिकोण=नज़रिया, लावण्य=सौन्दर्य, टहनी=डाली, शाखा, डाँवाडोल=कम्पित, अस्थिर, कंकाल=अस्थितंत्र, बेतरतीब=अव्यवस्थित, ख़याल=विचार, कूना=जूठन, उद्दण्डता=अवज्ञा, उच्छृंखलता, गूँगा=मूक, पददलित=पाँवों के नीचे रौंदा हुआ, इति=अन्त, समाप्ति, हास-उपहास=हँसी-मज़ाक, नींव=बुनियाद, भीत=दीवार, अभियोग=आरोप, गोष्ठी=विचार सभा, वंशधर=वंशज, वीरानगी=सन्नाटा, विपत्ति=संकट, क़तरा=टुकड़ा, शर्मदार=लज्जावान, आड़=ओट, ठाकुरबाड़ी=देवालय, मुफ़ीद=सुरक्षित, प्रचण्डता=तीव्रता, मरियल=क्षीणकाय, दुर्बल, डहडहा=घोर, बयान=कथन, सामर्थ्य=क्षमता, पुरुषार्थ।

उदय प्रकाश (बैरागी आया है गाँव)

शब्दार्थ–

धरा=धाम, पृथ्वी, जलाशय=कुआँ, तालाब, शीतल=ठण्डा, मृदु=मीठा, कूप=कुआँ, लू=गर्म हवाएँ, झाँझ=मजीरा, एक संगत वाद्य, गाछ=पेड़, पंजर=काया, शरीर, घाम=पसीना, लोहाये=नहाये, कामग़ार=मज़दूर, पिशाच=शैतान, बुरी आत्मा, पाड़ा=भैंस का बच्चा, जतवा=जाँता (गेहूँ या अनाज पीसने का पत्थर), रुदन=रोना, ख़ामोशी=चुप्पी, मूर्च्छा=बेहोशी, तबेला=पशुओं का बाड़ा, उदर=पेट, काया=शरीर, चमीटा=चिमटा, आलाप=तान, गोलोक=वृन्दावन, ललाजी=बालकृष्ण, मेहरारू=पत्नी, पावन=पवित्र, अँगना=आँगन, ओसार=घर का बाहरी चबूतरा, बनवारी=कृष्ण, निर्गुन=निर्गुण, केलिधाम=क्रीड़ा स्थल, निर्द्वन्द्व=निर्बाध, बेरोकटोक, विरहिणी=विरह में डूबी स्त्री, परधान=प्रधान, गोरू=जानवर, तकादा=याद दिलाना, कारिन्दा=कर्मचारी, नौकर, बनैला=जंगली, पखेरू=पक्षी, गवैया=गायक, ठूँठ=बौने, कोंपल=अंकुर, घटाटोप=घना, विषधर=साँप, तुरही=शंख, भँटना=भर जाना, बैरागी=संन्यासी, कगार=किनारा, विराट=विशाल, सागर=समुद्र, अजिता=अजेय, दरकना=फटना।

लीलाधर मंडलोई (अमर कोली)

शब्दार्थ

ऐन=ठीक-ठीक, इतर=भिन्न, अलग, चश्मदीद=प्रत्यक्षदर्शी, भय=डर, भ्रम=शंका, अफ़वाह=अपुष्ट खबर, भयभीत=डरा हुआ, पदचाप=पगध्वनि, कहकहा=ठहाका, अट्टहास, बख़ूबी=अच्छी तरह, अर्सा=मुद्दत, लंबा समय, हाज़िर=उपस्थित, मनमुआफ़िक=इच्छानुसार, संदर्भ=विषय, प्रसंग, ख़बर=सूचना, दफ़्तर-कार्यालय, हाक़िम=अफसर, आतंक=डर, आर्त्तनाद=करुण पुकार, रुदन=रोना, गुहार=प्रार्थना, हड़काना=धमकाना, अहम=महत्वपूर्ण, मिसाल=उदाहरण, ज़माना=समय, दौर, निग़ाह=नज़र, दुनियादार=व्यावहारिक, व्यवहारकुशल, देह=शरीर, धार=स्रोत, इंतज़ार=प्रतीक्षा, मुस्तैदी=चौकन्नापन, जन=व्यक्ति, आला=ख़ास, हस्बमामूल=पहले की तरह, दाख़िल=प्रविष्ट, हिक़ारत=घृणा, प्रवचन=धार्मिक उपदेश, ऊब-चूब=लबालब, अनमनी=अन्यमनस्क, बेखुद, अघोषित=अनकही, रक्त=खून, घुग्घू=उल्लू, नीरवता=शांति, गरियाना=गाली देना, हलक=गला, कण्ठ, सर्द=ठण्डा, सघन=घना, निस्पंद=शांत, मन्नत=दुआ, चिन्दियाँ=टुकड़े, बेमक़सद=निरुद्देश्य, जतन=मनोयोग, रिक्त=खाली, विलंब=देरी, अशक्त=कमजोर, हलकान=परेशान, फ़तह=विजय, अचरज=आश्चर्य, मखौल=मज़ाक।

□□□